明·心·为·师

吴存明 / 著

明心为师

吉林文史出版社

图书在版编目（CIP）数据

明心为师 / 吴存明著. — 长春：吉林文史出版社，
2020.3
　ISBN 978-7-5472-6781-3

　Ⅰ.①明… Ⅱ.①吴… Ⅲ.①散文集－中国－当代
Ⅳ.①I267

中国版本图书馆CIP数据核字（2020）第041526号

明心为师
MINGXIN WEISHI

著　作　者：吴存明
责任编辑：程　明
封面设计：姜　龙
出版发行：吉林文史出版社有限责任公司
电　　话：0431-81629369
地　　址：长春市福祉大路5788号
邮　　编：130118
网　　址：www.jlws.com.cn
印　　刷：北京虎彩文化传播有限公司
开　　本：170mm×240mm　1/16
印　　张：16.5　　　　　字　数：297千字
印　　次：2022年6月第1版　2022年6月第1次印刷
书　　号：ISBN 978-7-5472-6781-3
定　　价：45.00元

第三只眼看教育

与存明校长本不相识，因为做教育，因为爱写作，因为"读写大队"，我俩便逐渐地相互了解、相互欣赏着。

在我看来，存明校长是一位很勤奋的校长，也是一位很睿智的校长。说他勤奋，乃是因为他常有关于阅读、关于教育的随笔投给"读写大队"。说他睿智，不光因为其文章透露出他对教育的独特见解，更因为前些日子我到武穴讲学，顺路到他所在的学校实地探望，看到他在学校里对于阅读、体育、艺术的重视与践行。我深深地为该校师生感到幸运。正如他所说："一个人若是做好了这三点，便自然发展了核心素养。"

近日，存明校长将这本《明心为师》书稿托付于我，让我题序。通读书稿，我想到了一个词语，一个人物。

这个词语，是"明心见性"。明心见性，通俗地说，就是发现自己的真心，见到自己本来的真性。显然，作为一位教师，应当是这样的：对外，不断地学习专业知识；对内，不断地完善自我心性。

国学大师南怀瑾认为，心性问题是中国文化的中心。在他看来，佛家所讲的明心见性，其实也就是儒家的存心养性、道家的修心炼性。三者应当是殊途同归的。这样想来，这本书的书名是别有深意的。他的名字"存明"二字，大概也是被寄托了一种美好期望的。

这个人物，是《西游记》中的二郎神杨戬。我为何想起杨戬？乃是因为杨戬比我们人类、比其他天神，多了一只眼睛，也就是其额间的第三只眼。也正是凭借这第三只眼，孙悟空的七十二变总被二郎神所识破。而在印度传统里，第三只眼被称作"智慧之眼"。

在我看来，一个教师如果也能有一双智慧之眼，他必能从生活中看到教育，从教育中看到生活，在生活与教育之间，架起一座自然而巧妙的桥梁。通读这本书稿，我似乎看到了存明校长的第三只眼，看到一座关于生活与教育的连心桥。

存明校长的智慧之眼，在第一部分"透过生活看课堂"中表现得尤为突出。一部电影，一部电视剧，一枚勋章，一次奥运会，一次钓鱼，一次动物园事件，一个花瓶，一瓶矿泉水，一盆仙人球，一则广告，一座废弃的锅炉，一次晚会节目排演，这些貌似与教育毫不相干的东西，然而在作者的笔下，却都是极好的教育素材，也是最佳的写作素材。这样的文章，阅读起来是很轻松的，也是让人很受启发的。这有点像武侠小说中的"飞花摘叶"，看似信手拈来，其实尤见功力。若非具有一定的教育情怀和教育智慧者，往往只能"看山是山，看水是水"，而不能迁移和发掘。

第二部分"寻求友善的课堂"，谈的是作为教师的所谓"分内之事"。"友善"一词，看似寻常，其实很有意味。有人说，教育学首先是关系学，这是很中肯的。"友"乃朋友，"善"乃和善。如果教师和学生、学生和学生、师生与课堂、学生与学习，都能保持着一种朋友般的和善关系，这样的教学过程，是很让人陶醉和向往的。作者提出：蹲下身子和学生"套近乎"，变着法子给学生"戴高帽"，挖空心思帮学生"找梯子"；教学准备贴近学生，教学活动关注学生，教学发展尊重学生。这些具体阐释，既能理念引导，又能实践操作，具有一定的借鉴意义。作者所主张的"减法思维"，在当下大力倡导减负的背景下，更显其价值所在。

"一个人的阅读史，就是他的精神成长史。"作者的教育情怀和教育智慧，与他热爱阅读、勤写书评密不可分。在书稿的第三部分，作者向我们展示了他的阅读内容和阅读方式：读朱光潜，读于漪，读于永正，读吴非，读张文质；读怀特海，读约翰·洛克，读佐藤学，读雷夫，读乔布斯；读《论语》，读诗歌，读哲学，读美学，读心理学，读名人传记，甚至还包括读影视剧，由此可见作者的阅读之广、阅读之勤。常吃五谷杂粮，自然身心健康。尤为难得的是，作者有所读，必有所思，必有所文。将阅读、写作、教育三者融为一体，是最能让人明心见性、启迪心智的。

有人说，人生有三重境界：一重是"看山是山，看水是水"；二重是"看山不是山，看水不是水"；三重是"看山仍是山，看水仍是水"。在我看来，作为一个教育人，最大的智慧，最高的境界，还是回归师者本源，提升自我的专业素养，优化自我的课堂教学，构建自我的教育哲学，如于漪、如余映潮、如于永正，以素朴之心，做专业之事，成为一个纯粹而专精的师者。

这，应当是包括作者、笔者在内的所有教师共同努力的方向。我辈需努力再努力，专精再专精。

是为序，以共勉。

吴再柱

2019年3月22日

作者系湖北省特级教师，"读写大队"创始人。在《中国教育报》《中国教师报》等报刊发表文章百余篇，著有《我教语文的感觉》《乡村教师突围》等。

第一篇　透过生活看课堂

第二篇 寻求友善的课堂

第三篇 以阅读丰富课堂

透过生活看课堂

1

爱需要表达

《锦绣未央》剧中，未央与高阳王偶遇之后，对高阳王心生爱意，却不肯表露。高阳王也很喜欢未央，但一次次地找未央表白，都被拒绝。偶然中，高阳王得知未央一直珍藏着他的扇子，才知道了未央的真情。此后便一次次地帮助她，甚至不顾生命，两人最终走到了一起。由此可见，爱需要表达。

人的一生是一个相互关心、关爱的过程，每个人都有情感的需要。要让对方时时感受到你的心意，就需要你用语言告诉对方，用行动来表达。爱情如此，亲情如此，友情如此，教育亦如此。"教育的灵魂是爱，没有爱便没有教育。"这种爱也应该在具体的教育实践中表达出来，要让学生能看得到、听得到、感受得到。

每一名学生，无论是在低年级还是在高年级，也无论是男生还是女生，都十分在意教师是否注意到自己，十分在意教师的态度，都渴望教师喜欢自己。教育的本质是一棵树摇动另一棵树，一朵云推动另一朵云，一个灵魂唤醒另一个灵魂。"摇动""推动""唤醒"就是将爱表达出来，传递给学生。

在学校中，我们常常看到，学生不听讲、上课开小差，教师批评学生；学生作业做不完，教师罚学生站；学生打架，教师严厉地责罚等等。教师这样做也是想让学生认真听讲、提高成绩，也是想让学生养成良好的行为习惯。教师的出发点是好的，他们心中也觉得自己是在为学生着想，但教师的行为能否让学生感受到是为自己好呢？能否让学生感受到老师喜欢自己呢？批评、罚站、严厉责罚只不过会让学生恐惧。教师认为学生恐惧自然就会起到"立竿见影"的效果，但这些体现的是反教育，是对学生的不尊重，是对学生尊严的伤害，不但不会让学生喜欢，相反还会让学生生厌。

2016年5月5日，山东青岛平度市南村中学初二年级的一位教师在上课期间发现一名学生在看小说，正欲没收该生的小说时，引起该生强烈抵触，于是教师推了一下该生。该生在课间纠集初三两名学生，用木棍对教师大打出手，导致这位教师膝盖半月板碎裂。事后，教育局、派出所等部门介入。

以上事件中学生的行为肯定是有过错的。但如果该教师不是去没收小说，不是去推学生，而是悄悄地提醒，让学生明白教师的意图，理解教师的用意，知道教师是在关心他，事情的结果或许就不会这样。

美国教育家托德·威克尔说："不强求你喜欢每名学生，但要做出喜欢的样子。如果你的行为并不说明你喜欢他们，那么你无论多么喜欢他们都没有用。但是，如果你的行为表现出你喜欢他们，那么，无论你是否真的喜欢也无关紧要了。"其实，一个眼神、一个表情、一个动作，便可将你的爱表达出来。讲课时，用柔和、亲切的眼光看着每名学生；学生回答问题时，用满含期待、鼓励的目光看着学生；学生把课文读流利了，给他竖一个大拇指；学生回答问题回答得好，给他掌声；学生有进步了，给他发一颗糖、一张奖状、一本证书、一朵小花，或者在黑板上写上他的名字，摸摸他的头，拍拍他的肩膀，也可以是"你能行""相信你""你很有潜力"以及永远对学生微笑……

喜欢每一名学生是很难的，但要尊重每一名学生，不漠视每一名学生。"要相信每一个孩子，不管他是一个多么'没有希望'和'不可救药'的'钉子'学生，他的心灵里也总有点滴的优点"（苏霍姆林斯基语）。找到这点滴的优点去鼓励学生，让学生在你的鼓励中感受到老师的喜欢，学生自然也就会把你当成最要好的朋友，自然就会"亲其师，信其道"，教育也就会变得简单而幸福。

真诚地表达出对学生的喜欢，从而让学生喜欢你，是对教师最起码的要求，也应该成为教师一生不懈的追求。

把自己当成孩子

一

星期五下午放学，一群等校车的小朋友远远地挥着手，争着向我打招呼："校长好！""校长好！"听到问候，我心里暖暖的，一边回应，一边走近他们。别的同学都回家了，他们还在等校车过来，我便关切地问他们："你们冷不冷呀？""不冷""等得急了吧？""没事的，校长，我们天天等，车一会儿就来了。""玩一玩，车就到了。"一个小女孩边说，边摇了摇手中的一个瓶子。瓶子里装的是五颜六色的、软软的、滑滑的，不知用什么材料做的珠子。"这是什么呀？这么漂亮？"小女孩连忙告诉我："这叫水彩珠，泡在水里就会长大呢！"旁边的一名同学补充道："它还会'生小娃'呢！"听着他们的话，我不由得好奇起来："它也能'生小娃'？""当然了！"小女孩高兴地说："只要把它放入水里，到了第二天，它就能生出来呢！我给您一个试试？""好哇！"我连忙答应了。小女孩说着打开瓶盖，拿出一颗大大的黄色的珠子，我小心地放在手心。看我接过珠子，小女孩笑了，笑得很美，很灿烂。谢过那位小女孩，我便到办公室认真地把那颗珠子放到一个杯子里，倒上一些水，养了起来。周一过来，看到办公桌上的那个一次性杯子，我连忙去看那个珠子是不是"生小娃"了。"小娃"是没有看到，却让我想起了那个小女孩。晚些时候，那位小女孩在学校广场看到我，连忙问我："校长，您的珠子'生小娃'了吗？""还没有。""那我再送一个给您。"小女孩已把我当成她的好朋友了。

二

"Good morning，Mr. Wu." "Good afternoon，Mr. Wu." 是三（3）班的杨灿、郭艳莹，她们一见到我就用英语向我问好。一开始，我装作不知道，让她们告诉我是什么意思，并请她们教我。一听我请她们教英文，要当校长的老师，她们教得可认真了，我也认真地跟着她们学。这以后，每次在广场见到她们，她们都会跑到我面前用英语向我问好，我也用英语回应她们。有时，她们也会悄悄地向我说些小秘密；有时，她们也会给我制造一些小惊喜。这不，昨天学校开运动会，她们就给了我一个惊喜。当我正在绿茵茵的草坪上欣赏着"十人十一足"比赛时，她们跑到我面前。杨灿同学拿着一块小饼干给我说："校长，给您吃！"呵呵，真可爱！我正打算伸手去接的时候，看着她们天真烂漫的笑脸，心思一动，把嘴张得大大地去接。她们看着我，忽地一愣，然后笑着把饼干塞进我嘴里。我也不含糊，张开大口把饼干吃了。杨灿、郭艳莹顿时乐得哈哈大笑，对我说："校长，您怎么像个孩子一样呀！"

三

我像孩子一样地和学生交往，把自己当作孩子。学生看我并不像老师那样严肃，就会把我当成他们的朋友，期待见到我，愿意亲近我，愿意和我交往，愿意与我分享。陶行知先生说："我们必须变成小孩子，才配做小孩子的先生。"把自己当成孩子，蹲下身来就会重新找回孩子的童趣与好奇心，会惊喜于孩子的天真、善良、单纯，会发现我们的教育有太多值得重新审视的地方；把自己当成孩子，我们就会以欣赏的眼光看待孩子的顽皮和淘气，就会用孩子的方式去解决孩子之间发生的一些问题；把自己当成孩子，就会尊重孩子的思想，尊重孩子的个性，尊重孩子的人格，就会真正与孩子进行心与心的沟通，情与情的交融；把自己当成孩子，就会与孩子同心、同行、同乐；把自己当成孩子，就是要用理性教育观念善待每一个孩子。

苏霍姆林斯基说："一个好教师意味着什么？首先意味着他是这样的人：他热爱孩子，感到跟孩子交往是一种乐趣，相信每一个孩子都很善良，善于跟他们交朋友，关心孩子的快乐和悲伤，了解孩子的心灵，时刻都不忘记自己也曾是个孩子。"把自己当作孩子，是一种教育智慧。保持一颗童心，才能抛开"大人""校长"等身份，走进孩子的世界，才能平等关爱和接纳孩子。当你接纳了孩子，孩子才有可能接纳你，师生融为一体，教育也会因此而变得简单和幸福。

我是"骗子"

昨天朋友发来了一段她女儿朗诵《论语》的录音。听完录音，我一如往常地回了句："很好。"然后问为什么要录音，朋友说她女儿要准备参加什么比赛想请我做指导。想着是要参加比赛，我又认认真真地听了几遍，提出了几个问题：①读题目时，语句要连贯，不要一字一字地读。②题目与正文之间要注意停顿。③注意语气。好友说等放学后将这段话给女儿看。今天早上，她告诉我，说她女儿说我们都是骗子。听完我一惊，连忙问为什么。朋友告诉我，因为我先说"很好"，现在问题又这么多。小女孩因此很生气，一晚上都没理她妈妈，晚上睡觉都是背对着跟妈妈睡的，早上上学也没有跟妈妈说话。

我怎么就成了"骗子"？！

这又让我想起前不久，好友传来了几幅她女儿的画，我一见是小女孩的画，连忙回了一句："好漂亮的画。"过了一会儿，好友对我说，这幅画，其实女儿头天一画好，就要她发给我看的，因为有事推到现在才发。听了她的话，我不由得好奇起来，我不是她女儿的老师，既没见过她，也没有更多的交流，为什么她的女儿一定要将画给我看？她说她也好奇，可女儿并没有告诉她为什么。周六，她又发来了几张她女儿的画，我称赞了她女儿的画后，又抛出我的疑问，"为什么小女孩一定要将画给我看"？小女孩仍然没有回答，好友又再次问她，她终于说道："我只想给家人看！"她竟然把我当成了家人，这是多么暖心的回答呀！听到这句回答，温暖、甜蜜、幸福之情顿时涌上我的心头。

她为什么先把我当成家人，而后又说我是"骗子"？

我不禁细细地回想起小女孩与我之间的交往过程。因为我是老师，以前她妈妈时常会说起她的作文不好，发来她的作文让我指导。她女儿的作文其实跟同龄的孩子相比已很不错了，只是她妈妈可能对她要求更高些吧。所以，每次我都给予赞赏。这样有时小女孩也会把她画的画发给我看，我也同样给予表扬、赞赏。渐渐地，在她心里，我或许就是那个懂她、理解她的人，所以她才会把我当家人吧。可这次突然听她说我是"骗子"。我忽然意识到，我是以老师、成年人的身份在和她谈问题，忘记了她还只是个孩子，忘记了应以孩子的眼光去看问题，忘记了她给我听，更多的是需要我的鼓励与欣赏。

周泓先生说："没有赏识就没有教育。"孩子毕竟是孩子，生活、学习中的许多问题，很大程度上源于其自信的不足，一旦获得自信，许多问题便会迎刃而解。

于永正先生讲过这样一个故事：

一个小学生上课偷看一本刚买来的小说被老师没收了，并叫他回家把家长请来。这位学生边走边想："请爸爸？爸爸严厉，会打我。请妈妈？爸爸和妈妈一个鼻孔出气。请外婆？对，外婆好。"于是他把外婆请来了。外婆去了学校好长时间才回来。这名学生怯生生地问："外婆，老师说什么了？"外婆说："嘿！老师夸你呢，他说你从小喜欢看书，说不定长大了能成为作家。这不，老师叫我把书给你带回来了。"这位学生深受感动，也深受鼓舞，从此更喜欢看书了。长大后，果然成了作家！一天，师生聚会，老师对这位学生说："我对不住你呀！上学时我不该没收你的书，更不该叫你家长到学校来，现在我把这本书还给你……"原来外婆的书是她到书店买的！这位学生哑然，在心里说道："外婆不懂教育，但她却懂得关爱和鼓励！"

德国民主教育家第斯多惠说："教育艺术的本质，不在于传授本领，而在于激励、唤醒和鼓舞。"夸孩子便是最直接、最廉价的唤醒与激励方式。经常被夸的那个孩子，很容易把你当成最亲密的人。所有教育家的特点都是善于发现学生的优点，善于放大学生的闪光点，让闪光点去占领学生的心灵。我们没有看到哪位教师因表扬孩子过头而出问题，却看到太多严厉的批评、粗暴的惩罚造成了难以挽回的悲剧。

因此，为了孩子，我们不要吝啬表扬。

比金牌更可贵的……

2016年里约热内卢奥运会上，比赛进行得如火如荼、激荡人心。作为中国人，每当看到自己国家的队员赢得了金牌，看到自己国家的国旗升起，听到雄壮的国歌响起，我们都会心潮澎湃、为之欢呼。然而，当奥运的圣火熄灭之时，我们还能记起有多少中国人获得奥运冠军吗？给我们留下印象最深的又是什么呢？

我不由得想起这样一个经典的故事。在1968年的墨西哥城奥运会上，坦桑尼亚选手艾哈瓦里参加马拉松比赛。但是在跑出不到5千米的时候，他因碰撞而摔倒，导致腿部肌肉拉伤。剧痛让他只能一瘸一拐地跑着，正常情况是选手应该会选择退赛，但是艾哈瓦里仍然在跑着。不断有选手超越了他，最终赛道边的观众们逐渐离开，只有他还在孤独地跑着，坚持地跑着。就这样，艾哈瓦里几乎是一步一步地挪到了终点，完成了这场在成绩上毫无意义却无比伟大的比赛。

"我的祖国把我从4000多千米外送到这里，不是让我开始比赛，而是要我完成比赛。"这句话就此成为经典。

2016年奥运会上，美国职业游泳运动员"菲鱼"退役后复出，勇夺2金，至此他已获得了23枚金牌。他从年少成名到口碑跌入谷底，从黯然退役到以常人无法想象的努力自我救赎，重新找到证明自己的动力，并获得成功，更让他熠熠生辉。

当年41岁的奥运老将丘索维金娜从获得第一枚世锦赛金牌起，至今已有25年，一直战斗在赛场上。她用25年，诠释了一个运动员对赛场的执着，和一个母亲对儿子的深爱。为爱坚守，为梦拼搏！更让人点赞！还有中国运动员傅圆慧耿直、率真与乐观的性格也得到了大多数朋友的喜欢；马龙与张继科赛后相拥，一同举起国旗，让人看到了"场上是对手，场下是朋友"的真友情。他们告诉了我们一个道理：金牌不是衡量运动员优秀的唯一标准！因为比金牌更可贵的东西还有很多很多。

由此，我想到了我们的教育。当前我们的教育似乎也如关注金牌一样只关注分数。在家长眼里，教育就是为了让孩子得到高分数，上好大学，找到待遇丰厚的工作；在学校、在老师眼里，分数就是评价、考核的重要指标。于是，教师们一味追求分数，重教而轻育。这样的教育给孩子们留下的是什么呢？当我们的学生将来离开学校，能记住的是老师怎么讲解一篇课文？是老师告诉他怎么做一道习题？还是老师为他们精心准备的那一份复习资料、试题？我们的忙忙碌碌、精疲力竭换来的又是什么呢？也许在他们的生命中，这一切都是过眼云烟。他们记住的也许是老师的一次诚心的谈话、一个微笑，一次课外实践活动，或是同学间的趣事等。

教育是什么？爱因斯坦说："所谓教育，就是一个人把在学校所学全部忘光后剩下的东西。"因此，作为教师，应该引领孩子做一个有个性、有信仰的人，使他们更自信、更快乐、更幸福，让他们努力发现自己生命的价值与潜能，让他们充分享受成长的幸福与尊严。教育孩子6年，应该想着他6年之后、16年之后、26年之后……

不插手的智慧

在襄阳举行的"湖北省校长年会"上，北师大的陈锁明教授为我们播放了《小鸭子上台阶》这样一段小视频：

鸭妈妈带着一群可爱的小鸭子上台阶。台阶好高，鸭妈妈自然是很轻松地就上去了，但对于小鸭子们来说却好难。起初，只有一只小鸭子努力攀上第一层台阶，而剩下的小鸭子们则只是在台阶下"嘎嘎"地叫着找寻出路。第一只攀上台阶的小鸭子因为有了之前成功攀阶的经验，所以没有费多大的功夫，很快就成功地来到了鸭妈妈的身边。而有了第一个成功攀阶兄弟的示范，所以很快第二个、第三个、第四个小鸭子……纷纷攀阶成功，陆续来到鸭妈妈的身边。最后，还剩下一只最小的小鸭子在那里"嘎嘎"地叫着，一会儿跑到台阶左，一会儿跑到台阶右，一次、两次、三次……最终，在鸭妈妈的陪伴和鼓励下，它终于爬上去了，它快速地跑到妈妈的身边。

整个过程中，鸭妈妈一直淡定地在那里等待、鼓励着小鸭子，而旁边拍摄的路人，只是完整记录了整个过程并没有插手。其实，要帮助小鸭子很容易，一只只放上来就行了。

陈教授放这段视频是在提醒我们，现行教育中我们插手太多了。

热心帮助。自孩子出生起，我们就像保姆那样热心。孩子走路摔倒了，我们怕他们摔坏了，连忙跑去抱起来，其实，让孩子自己起来，也是一种独立能力、抗挫折能力的锻炼；孩子自己要用餐具吃饭，我们怕他们弄脏了衣服，一口一口地喂他们吃，其实，孩子自己吃，也是动手能力的培养；孩子会说话了，问题也多了，孩子问什么我们就答什么，其实，引导孩子自己获取答案比让他们知道答案更重要；孩子上学了，老师更热心了，每上新课，这个词什么意思，那个句子包含的意思是什么，老师一句一句地告诉学生，让学生抄在本子上，其实，没有孩子自己的理解，这样的东西总是生硬的。

热心评判。大人以成人的思维在教孩子。课堂上，老师提出的问题孩子答错了，就说"错了"。于是，换一个孩子回答，答错再换，直至有人回答正确，才说是对了。其实，当孩子错了的时候，不妨让孩子再去看书，引导孩子去思考。

热心执法。孩子不守纪律了，老师习惯批评；孩子不做作业了，老师立刻罚站、训斥；孩子打架了，老师立即调查弄清原委，立刻给予处罚。犯错，是孩子在不断学习、成长过程中很自然的现象，孩子天生有学习做各种事情的本能，我们应该做的就是为他们创设自由学习、不断修正的环境。

一次，学校组织学生去江边玩。来到江边，我们找到一处较为平坦的江滩，让学生各自休息、玩耍。有的学生围在一起做游戏，有的学生在相互分享他们带来的各种零食，也有的学生在放风筝。小锐他们组的六个人在沙滩上玩起沙来，你追我赶，好不热闹。小锐在沙滩上挖起一只贝壳，贝壳粉白粉白的，比较光洁，但个头不是很大。小锐玩了会儿，就把那只贝壳扔到一边去了。不一会儿，同组的小颖发现了这个贝壳，她高兴地欢呼起来："哇，我捡到一只漂亮的贝壳了！"小颖的欢呼声引来好多同学，大家都来看这只贝壳。小锐见此，连忙要从她手中把贝壳抢过来，说这只贝壳是他先发现的。小颖力气小，贝壳被小锐抢去了，小颖气得哭了。此时，同组的同学过来劝小颖，拉着小颖到一边玩去了，大家都不理小锐了。小锐见同学们去一边了，他也跟着去他们那边。同学们见他来了，又一起跑到另一边了。小锐拿着那只贝壳，悻悻地一个人站在那里，呆呆地看同学们在那边玩着……

小锐虽然得到了那只贝壳，但同学们却不再与他玩了。此时，我没有插手，更没有批评他，我想让他感受一下被同伴们否定的痛苦。在这样的体验中，小锐或许从此就会明白失去的要比得到的多得多。

只有让孩子自己亲身经历、亲身体验，才会真正地帮助孩子成长。

武昌实验小学张校长谈到他在去襄阳的车上，正好遇到一位武昌实验小学毕业的学生。张校长问学校给他留下最深刻的印象是什么，那名学生说，那时学校的操场东边，有一处沙坑，两边用水泥柱子搭起了一个简易的爬竿，有两根笔直的竹竿，挂在高高的竿架上。课余时间，同学们都去那里玩。有一次体育课，学习内容就是爬竿。那名同学当时没有爬上去。从那以后，他一有时间，就去那爬竿。有一天，他终于爬上去了。当他爬上竿顶的时候，那种成就感让他永远难忘。而爬竿也成了他童年最美好的记忆。

其实，教育就需要给孩子更多的实践与体验，而不是事事包办、处处插手。我们要做的就是给孩子更多的空间和自由，让他们自己去探索、思考、实践。无论是失望、痛苦还是快乐、满足，都是成长的必需品。所以，不插手也是一种智慧。相信孩子，静待花开。

处处留心皆学问

周末，与五爷闲聊。谈起钓鱼，他说去年他钓了460多斤。一年钓了多少斤鱼，都记得这么清，我顿感诧异，连忙问道："难道你有专门的钓鱼账本？每次钓多少都记了账？"五爷平静地说："账本倒没有，但我却有一本钓鱼笔记。每次回来，我都做笔记。主要记录那天钓鱼的位置、水塘的环境、水面的宽窄、水的深浅、水草多少、水的清浊等；还有那天的天气、风向、气温、光照强度等，然后再记上那天钓了多少鱼、有哪些鱼、多大等。这样下一次再去的时候，就知道哪个地方鱼好钓，哪个地方不行。同时，还能根据不同的天气去选择钓鱼的位置。"听完五爷这一席话，敬佩之情油然而生。

五爷的话很简单、很平实，但平实中却恰恰印证了"处处留心皆学问"的真理。生活中，只要做个有心人，留心观察，就能从一些细小的地方、平常的事情中获得知识。日积月累，集腋成裘，就一定会收获满满。

王维审老师在一次与学生"交火"后，心中愤懑难平，便拿起笔给校长写辞职信。从自己的苦闷开始，到与学生的矛盾。写着写着，愤怒竟在文字中寻找到了"出口"。于是，他开始反思自己的整个教育过程，并在反思中发现了自己的问题——粗暴、强压、不会拐弯……于是，他撕掉了辞职信，重新拿出稿纸，把这件事情和自己的反思一一记录下来，写成了一篇文章。后来，这篇文章在《山东教育》上发表，并成为他发表的第一篇教育随笔。他在班里读这篇文章时，那名学生也从王老师的文字中知道自己错了，理解了老师。从此，王老师开始每天用文字记录发生在班级里的大小事情，并把它们张贴在班级的宣传栏里。他开始引导学生写《班级日记》，并积攒了一摞摞有情、有爱、有温度的情感书页。也正是在这样不断地记录中，他开始重新审视自己的教育方式。持续的教育写作让他以研究者的心态重新审视过去的教育生活，关注那些司空见惯的教育细节，探寻每一个班级故事里丰富的教育内涵。同时，也让他收获到了教育生活的温润、幸福。

教师的工作是琐碎的。每天备课、教学、批改、辅导及班级日常管理等工作，复杂且繁重。很多老师因而茫然、倦怠，眼里没有学生，为教学而教。每天重复着昨天的故事，忘记了教育的根本，忽视了自己的成长，失去了教师的职业幸福感。也有许多教师往往把教育工作看成是养家糊口的饭碗，看成是获取名利的途径。当这些问题得到基本解决以后，他们就不再有新的追求了。他们不知道，教师的生命，真正的意义是与孩子们一起成长。教育是心灵的艺术，需要教师去唤醒、去引导学生的成长。因此，教师需要有爱心，尊重孩子，做个有心人，关注孩子成长的点滴，关注孩子内心的细微变化，并将此转化为教育契机，促进孩子的成长。无数的教育名家，无不如此。正因为他们处处留心，善于发现，勤于记录，不断反思、修正自己的行为，在反思中成长，所以他们能在教育这块芳草地里，不断挖掘生活中、职业中的内在魅力，让每一个普通的时刻，都焕发出不一样的光彩，让每一个平凡的日子，都与幸福相伴。

教师是孩子生命中的贵人。因此，我们应秉承教育者的良心，用心去关注每一名学生！

校园里，应该多些仪式感

中国素有"礼仪之邦"之称，一些重大节日的仪式是非常隆重的。中国古代，新生入学有隆重的"开学仪式"，即"开笔礼"。"开笔礼"被视为人生的四大礼之一，与成人礼、婚礼、葬礼同等重要。古代的儿童一般4～7岁即被送入私塾读书，称之为"开书""破学"或"破蒙"。根据《礼记》和《弟子规》记载，"开笔礼"历经千年未改。通常的"开笔礼"包括正衣冠、行拜师礼、净手净心及朱砂开智等内容。其中，学生步入学堂后，先要举行拜师礼。学生首先叩拜至圣先师孔子的神位，双膝跪地，叩首九次，然后拜先生，叩首三次。拜完先生，学生向先生赠送六礼束脩。或许是因为有这样的礼仪，那时的学生乃至整个社会都对先生格外尊敬，也就有了"一日为师，终身为父"的说法。

还有端午节、中秋节、春节乃至清明节、冬至等节日。这些节日无一例外都要举行一场隆重的仪式，以表达对自然的敬畏、对美好生活的向往。也正因为有了这些仪式，人们才会抱有一份感恩之心、敬畏之心，珍惜生活，对生活充满向往。

但在学校中，我们因为生活节奏太快，往往被一些琐事缠住而变得匆匆忙忙，竟忘了有时候需要慢下来。一些重要的仪式被很多人简单化、随意化了，甚至被抛诸脑后了。

学校每周一升国旗，是一个非常重要的仪式。要求升国旗时，全体师生面向国旗肃立。但我们常常看到一些教师，或戴着帽子，或打着伞，或背对国旗，或凑在一起聊天。有的教师甚至说"要是在天安门，我肯定也会非常严肃"这样的话。但我们也不难看到有这样的人，他们起了个大早，专程来天安门看升旗，一边拿手机拍照，一边不忘使劲往人群中挤。拍了一段觉得不清楚，还不忘向同伴补上一句："这么远，又看不清，一点儿也不好玩，白起了个早。"

仪式感的缺失，不仅仅表现在升国旗这一项，在我们学校一些重要的事情上也是屡见不鲜。开学典礼，只是把学生召集在一起，领导讲个话、学生发个言就算过了；开体育运动会，只是例行公事地组织一些比赛，没有训练，没有表彰，仅算是学校这项活动开展了；学生毕业了，就印个证书，让组长发下去了事；学生上场表演节目，教师也只是编排一个节目，关注节目的动作，而忽视孩子表演的投入、表情及态度等。

如果缺乏仪式感，就会导致每一件事都只求做了，而不求做好了。教孩子跳舞，就只要求孩子把某个舞蹈动作完成，而不去要求孩子根据音乐的节奏、内涵，在动作的舒展度、柔美度等细节上做到位，给人以美的享受；教学生朗读，就只是让学生把音读出来，至于句子里的停顿、节奏、音调，读得流利与否、读得是否有感情等都不关注；教学生认字，就只让学生认得字，能把字写出来，而不去关注学生是不是读得准，是否注意笔画、笔顺、间架结构，字是不是写得好看，所有的都只是应付，长此以往，人就会变得浮躁。

如果缺乏仪式感，校园中一些特别的瞬间、一些教育的契机、一些与孩子相处的美好瞬间，可能就这样错过了。心不在焉地生活，自然就没有美好瞬间这种东西。

《小王子》里那只等爱的狐狸说："最好在同一时间来。""比如说，你在下午四点来，一点到三点我就开始幸福了。时间愈近，我愈幸福。到了四点钟，我已坐立不安。我发现了幸福的代价，你要是想什么时候来就什么时候来，我就不知道什么时候装扮我这颗心。"一个内心充满仪式感的教师，是不会敷衍自己的生活的。如将自己的教室布置整齐，摆放一些花草；精心考虑教室里的每一个物品应放在哪个位置合适；用一些小图案、字画装点，让教室充满温馨等，这些就是仪式感。开学典礼上精心地在新生额头上点上一点寓意为"开智"的朱砂，这是一种仪式感；毕业典礼上为每个孩子颁发印有自己相片的毕业证，和孩子一起深情拥抱，铺上红地毯，牵着孩子的手一起走过"毕业之门"，这是一种仪式感；运动会上将入场式与民族风情、世界风情等相联系，让孩子穿上各个民族的盛装，隆重走过主席台，这是一种仪式感；六一儿童节，给孩子化上妆，穿上漂亮的节日服装，让他们在盛大的舞台上表演，也是一种仪式感。

一个内心充满仪式感的教师，自然也会怀着像莎士比亚写诗一样的心情去善待每一天，善待每一个孩子，尽心做好那些看似很平常、很普通、很细小的事。这样孩子就会懂得仪式感，学会用心去做事，就会真正成长为他们自己理想的样子。而教师也将在这一个个充满仪式感的日子里，收获幸福与希望。

把小事情做好

张文质先生，教育学者，"生命化教育"倡导者。他在全国第三届教育行走夏令营开幕式发言中讲道："经常想着做小事情，但有时一不小心，就把小事情做成了大事情。"

听到这句话，让我自然地想到了电视剧《我的前半生》。很多人至今想不明白，陈俊生怎么就放着如花似玉的老婆不要，去找了一个貌不惊人、离过婚还带着一个"拖油瓶"的女人。原因到底是什么呢？陈俊生一人承担一大家子的生活，压力可想而知。在这样的一种生存状态下，罗子君（陈太太）每天在家里把自己打扮得美美的，然后就是逛街，找闺蜜喝下午茶，孩子、家务全由保姆打理。而她对陈俊生呢？只是催他早点儿下班回家吃饭，至于陈俊生的精神世界，罗子君完全没有看到陈俊生的成长和自己的停滞不前，还在用"老实顾家"这些词汇来形容他。反观凌玲（陈俊生的红颜知己），她完全理解陈俊生工作生活中的压力，在工作上给他帮忙，在他精神疲惫的时候送上几句温暖的问候，在他因加班导致胃不舒服的时候能及时送上胃药。凌玲好像也没有干什么惊天地、泣鬼神的大事，几乎全都是"小事"。

"能把小事情做完美就是成功。"细细思量这次教育行走，从一些专家的讲座中，不难发现他们无一不是把小事做好，才有了今天的成就的。

刘发建老师一次听一位老师讲《我的伯父鲁迅先生》一课，认为"伟大的鲁迅都能赢得孩子们的青睐，不管有多少理由，对于语文老师来说，都将难以释怀"。正是这样的教师的使命感和责任感，以及对鲁迅和孩子的挚爱，使得刘老师知难而上，十年如一日，在语文教学中开始了"亲近鲁迅"的研究，进行了几乎是"拓荒式"的实验。从10年前听的《我的伯父鲁迅先生》那节课，到后来自己的一本教学著作《亲近鲁迅》，到国内第一本《小学生鲁迅读本》面世，再到一套10本的《名家文学读本》，直到今天开展的"名家经典阅读周"活动，10年语文课程实践之路，让刘老师找到了一条属于自己的语文"正道"。

杨虹萍老师以"一厘米"的方式让教育之根慢慢深入，其专业、科学的教育方式让孩子们从点滴中获得成长。班级里一个个小小的岗位，杨老师赋予它们"牛奶小管家""扫地小管家""礼仪小天使"等名称，且每个岗位都要持证上岗，每个岗位任期为一个月，每个岗位都有不同的口号。在班级文化的营造上，有班章、班服、班印。所有的设计均来自学生，充满个性化，就是在奖状的设计上也会充分考虑每个孩子的心愿，让孩子圆梦。杨老师心里想着的是孩子成长的大问题，并从做好每一件小事入手，点滴深入，让教育发生"一厘米"的变化，让教室里绽放出春天般的美丽。

其实，教育的真谛也往往体现在这些小事中。如学生见到老师或同学问声好；随手把一片纸屑扔进垃圾筒里；上课前把书本文具准备好；每天把作业认真完成了。老师把每一课的生字让学生学会了、写好了；把文章中每一个句子让学生读通顺了；把每篇课文让学生读熟、读流利了；还有班级里的班干部管理、日常管理，学校的开学典礼、毕业典礼，升旗仪式等。这些都是些小事，把这些小事做好了，自然也就为学生的成长铺就了道路。如我校的运动会，不单只是组织几个项目的比赛。我们将运动会定为"国际奥林匹克"运动会。入场式上，每一个班级代表一个国家，举着这个国家的国旗，播放他们国家的音乐，还有西班牙斗牛舞等特色鲜明的异国风情表演。活动定位不仅仅在于体育本身，还更富有教育内涵，让学生开阔了视野，增长了见识，培养了学生多元文化的理解力。学生毕业时，我们让每一名学生都保留永久的记忆：从毕业证书的制作，到证书一个一个地发放；从家长与孩子、教师与学生、学生与学生之间相拥时的热泪，到给学生赠书、赠考试资料；再到孩子们手牵手走出校门，我们设计的每一个环节，只想给孩子心中留下一份美好与永恒。

1979年12月，气象学家洛伦兹在美国科学促进会的一次讲演中提出："一只蝴蝶在巴西丛林的一朵花瓣上轻轻扇动一下翅膀，有可能会在美国的得克萨斯州掀起一场龙卷风。"细小的因素与看似完全不相关的巨大、复杂的变化之间存在紧密的因果关系，这就是"蝴蝶效应"。教师的一个灿烂的笑脸、一句赞扬的话语、一个鼓励的动作，都有可能在学生心里产生巨大的"蝴蝶效应"，成为学生成长过程中意想不到的支点。而教师的一次大意的忽略，一次错误的斥责，一次冷漠的态度，也都有可能成为学生人生中致命的"溃堤之蚁穴"。

"一件小事情并不是有多少影响，而是做得久就是格局"。我们做教师的就要重视那些常常被人们认为是"微不足道"的小事，帮助孩子成为最好的自己，成全每一个生命。

多做一点点

一名来自偏远山区的小姑娘在城里一家餐馆当服务员，在常人看来，这是一个不需要什么技能的职业，只要招待好客人就可以了。这个小姑娘却非常珍惜这份工作，彻底地将自己投入工作之中。只要客人光顾，她都留心，并做好记录。一段时间以后，她不但熟悉了常来的客人，而且掌握了他们的口味。只要客人光顾，她总是能够安排好令他们满意的菜，并给出很好的建议，不但赢得了顾客的称赞，还为饭店增加了收益。因为她总是能够使顾客成为回头客，顾客再次光顾不说，同时还会带一些新的客人过来。后来，老板提拔她做店内主管。现在，她已经成为一家大型餐饮公司的老板。

小姑娘的成功，在于她的用心，她收集了大量顾客的信息，使自己的服务更亲民、更人性化。小姑娘因为自己比别人多做了一点点，便多了一分成功的机会。

"1.01的365次方等于37.8"这个公式告诉我们，每天多做一点点，积少成多，就会带来巨大的飞跃。法国著名作家让·乔诺有一本绘本《植树的男人》，其中讲到一个叫艾力泽布菲的老人，他不知道1914年发生的战争，也不知道1939年发生的战争。在37年的时间里他只做了一件事，那就是在一片贫瘠的土地上种树。37年，他凭一个人的努力，把一片不毛之地变成了森林。

多做一点点，其实就是一个简单的秘密。

就教师而言亦是如此。工作中，有很多的事情，都是需要我们增加那一点点。教师的工作是平凡而又琐碎的，成天就是备课、教学、批改、辅导、备考。一些教师因此对工作渐渐漠然，到点上班，铃响下班。其实，下班了也并不一定意味着工作结束。也许你的作业还没批改好；也许你的某个教学设计刚有点儿头绪但还是零乱的，需要把零乱变为清晰；也许正有一名学生的问题，还需要你再平心静气地做做工作等等，这些都需要教师多做一点点。如果因为下班时间到了，你有些失去耐心，那么便失去了当时的情境，失去了最好的时机，而须重新开始。

　　湖北省的全国知名班主任杨虹萍老师，用心、用情地坚持着"一厘米"的成长，让教育之根慢慢渗入，以专业、科学的教育方式从点滴中让孩子们获得成长。她把自己的班称作"幸福里"。在这里，时时处处都可以感受人情的温暖和成长的自由。班级里的一个个小的岗位，杨老师给命名为"牛奶小管家""绿植小天使""黑板小管家""拖地小管家""图书小管家""礼仪小天使"等，且每个岗位都要持证上岗，每个岗位任期一个月，每个岗位都有不同的口号。在班级文化的营造上，有班章、班服、班印，所有的设计均来自学生，充满了个性。在奖状的设计上，杨老师根据每个孩子的心愿制作幸福班级奖状，并命名为"诗词小达人""发言小明星""保洁小明星"等，十分贴近童心，极大地激励每一名学生进步。杨老师心里想着孩子成长的大问题，并从每一件小事入手，坚持一天一点儿进步，一天一点儿改变，让教育发生"一厘米"的变化，让教室绽放出春天般的光彩。

　　王维审老师，如他所言是不具备先行条件的教师。他学的是历史专业，教的却是数学；他有19年的工作生涯，却有14年待在农村。即便这样，他却从一个临时工到民办教师、到参加高考成为公办教师、再到如今成为"叙事者"的创始人、全国教师培训人才库专家。其原因何在？就在于他细致入微、持之以恒地坚持写作。十几年来，他以教育随笔的形式真实记录了自己教育生涯中一个个真实的故事。正是他每天坚持写作改变了他的教育心态，让他心中的那份美好得到提升和深化。

　　为什么我们身边优秀的教师、教学能手都有所建树，却难走得更远？为什么我们从教数十年却仍如当初，除了被别人评价为"好老师"而别无其他？为什么很多教师退休后，便一无所有？而杨老师、王老师却在教育中收获了不一样的幸福呢？

"不积跬步，无以至千里。"我们只要静下心来，投入地去做一件事，坚持多做一点点，可能生活就会在不经意间，为你打开另一扇窗，让你收获不一样的幸福。

修养从小事开始

最近读蔡元培先生的《中国人的修养》。这本书被称为"一代大师致道德崩溃的济世良方"，书中全面阐述了如何提升一个人的修养。读完书，我想到几件小事。

一家超市里，迎面走过一对母女。五岁的小姑娘一不留神把手上装巧克力的杯子打翻，溅得身上、鞋上、地上，到处都是。身边的年轻的妈妈立即蹲下来，拿出餐巾纸。她的第一个动作，是先把弄脏的地面擦得干干净净，然后才转身帮着孩子收拾衣服、鞋子。

这中间，妈妈一句话也没说，可是我相信，小姑娘已经全部看在眼里。妈妈有好的修养，而好修养的种子也会在小姑娘的心里种下。

一位穿着时尚、优雅的女士带着孩子到一家公司应聘。因为还早，就在公司外面的长凳上坐下休息，然后从包里拿出瓜子嗑起来，随口将瓜子壳吐在地上。旁边的一位正在清理花草的老人悄然地走过来扫起了地上的瓜子壳。那位女士继续飞吐着瓜子壳，那位老人仍然默默地扫起。那位女士这时边吐边对孩子说："你要好好读书，不然将来就会像他一样扫地。"老人这时才抬起头来："你是谁，怎么进来的？""我来应聘部门经理。"这时，过来一位年轻人恭敬地对老人说："总裁，会议马上就要开始了。"老人这时对年轻人说："我建议不要聘用这位女士。"老人走前，对那位女士的孩子说："孩子，希望你能明白，什么是该学的。"

老人与那位女士的行为比较，足见一个人的修养是多么的重要。

电视剧《父母爱情》中有这样一幕：

江德福、安杰与女儿江亚菲回青岛探亲，在旋转餐厅吃自助餐。安杰提醒江德福与女儿要吃多少拿多少，他们却说这样就亏了。见到好吃的就往盘子里放，盘子堆得高高的。一盘没吃完，又去拿一盘。而安杰只是拿了一小盘东西，另外配有饮料、水果等。

一顿简单的自助餐，照见了一个人的修养。

荀子说："人之所以异于禽兽者，以其能群也。"蔡元培说："德性之基本，一言以蔽之，曰：'循良知。'一举一动，循良知所指。"就是说人的一切行为都是出于其德性、出于其良知。德性、良知便是一个人的修养。而修养常常从一些小事中可以看出，如上车有序排队而不争先恐后，公共场合小声交谈而不高声喧哗，聚餐时用筷子轻拿轻夹而不挑来挑去等等。"是故事不在小，苟且反复数四，养成习惯，则其影响至大。"以上三件小事，说的都是些讲卫生、吃饭、讲文明日常生活中最常见的小事。在公共场合，能否遵从社会公德就是一个人是否有修养的最好体现。"道德之本，固不在高远而在卑近也。"也就是说，我们要提升一个人的修养，也不妨从讲卫生这些小事做起。

先说卫生。古谚有："千里不唾井。"古人尚且注意公共卫生，而我们更应当爱护公物，讲究公共卫生，养成打扫卫生的习惯。

作为教师应该让孩子学会认认真真地打扫卫生，而不是把打扫卫生当作一种简单而不必重视的小事。打扫卫生其实不仅仅是打扫卫生，这里面也有很多学问。如窗户玻璃怎么才能擦得更亮？桌脚底下的垃圾怎么清扫？地板怎样才能拖得更干净？如何整齐摆放好清扫工具？怎样清扫落叶？怎样进行垃圾分类？等等。日本的龟井民治先生在回顾他追随键山秀三郎先生实践大扫除时，有一段感言："即使你熟读100万本经书，掌握了很多知识，如果不亲自实践，那将毫无用处。知识只有通过实践，才能成为生活的智慧，特别是清扫活动，不亲自实践，什么都不会明白。"而学生通过亲自参与打扫卫生活动，就会体会劳动的不易，就会明白应当珍惜、尊重别人的劳动，也会从中学会如何用心去做事。

创立"日本清扫学习会"的键山秀三郎先生，在创立ROYAL公司之初，一个人完成公司的清扫工作。十年后，企业文化渐渐形成，公司的风气变得越来越好，员工的集体意识和配合度得到提高，人际关系也显著好转。后来，他创建了"日本清扫学习会"，对扫除有三个要求：备齐扫除工具，而且工具上要标注使用者的姓名和公司名称；确定工具的存放处，要求存放在宽敞明亮之地并整理清楚，便于一眼就能看到、拿到，便于马上使用；扫除过程中要不怕动脑。将键山秀三郎先生的扫除理念运用到其他企业、学校、社区等，也都取得了很好的成效。长期的坚持，可以磨砺人的心性，使人变得谦虚、萌生感恩之心，而人的修养也会得以提升。

再说吃饭。现在很多学校，都为学生准备了午餐。但老师往往只是在一旁照护着，或者安排学生分饭菜，而饮食习惯等的培养却常常被放在一边。其实吃饭也如扫地一样有学问。吃饭不只是填饱肚子。《小学生日常行为规范》里强调吃饭要"定时定量，营养要全面，不偏食、不挑食，吃饭要专心、愉快，细嚼细咽""不吃零食，不吃霉烂变质等不洁食物""不喝生水""不吸烟""生吃瓜果要洗净""饭前便后要洗手""不乱丢、乱倒剩饭、剩菜""大家一起在餐厅吃饭时不高声喧哗，保持就餐环境的洁净"等。

日本著名作家黑柳彻子写的《窗边的小豆豆》里，那位校长从来不会对孩子们说"营养要均衡""你们不能挑食"，而是说"请大家把海的味道、山的味道带来"，孩子们非常喜欢这样的说法。每次开饭前，校长还会让大家一起唱一首吃饭歌。一顿饭，孩子既学到了知识，又学会了礼仪、文明等。

"江河成于涓流，习惯成于细故"。教育也无非这些小事，只有我们把这些小事做好，让学生形成良好的文明习惯，德行也就自然形成。

儿童心理健康教育不容忽视

曾经发生在北京动物园的伤熊事件，引起了全社会的关注。从表面上看这是个案，实际上却是青少年心理不健康的一种突出表现。心理健康问题的现状不容乐观，心理健康问题不容忽视。

现代教育的科学定位，不是在教师的专业知识上，不是在具体的教育目标上，而是在人的全面发展上，在提高人的整体素质上。教育肩负的更为重要的使命是陶冶人的性情，铸造健康饱满的人格，培养人正确的世界观、人生观、价值观。一个有成就的人、一个有益于社会的人，首先必须是一个心理健康的人。我们培养出来的人，如果心理不健康，人格有缺陷，就可能无用、无才、无德，还会成为次品、残品，成为家庭和社会的累赘，甚至危害社会，走上违法犯罪的道路。刘海洋这样一个成绩优异的名牌大学的学生会有伤熊的行为，就已清楚地说明了这一点。因此，我们必须重视学生的心理健康教育。

一个心理健康的人，就是要对自己有充分的信任感，面对挫折，能克服困难，泰然处之；能根据自身特点，控制自己的行为，调节自己的心理，不断适应社会，完善和发展自己的人格。这是一个需要长期、多方位、反复进行的教育过程，学校、家庭和社会都有责任。因此，需要我们都来关注儿童的心理健康，让他们接受正确的教育，完成从幼稚的孩童，到走向大写的"人"的人生成长历程。

孩子不是出气筒

周末，闲来没事在一朋友家玩麻将。玩了一会儿，朋友的儿子就来找他要钱，朋友给了。没多久，那孩子把钱花完又回来找他要，碰巧朋友的手气不是很好，正窝了一肚子气，就对儿了吼道："要，要，就知道要钱，给老子滚远点儿……"那孩子听老爸一吼就大哭起来。朋友就更来气了，立马起身要打孩子……生活中，这样拿孩子当出气筒的事太多了。

大人在外面受了气以后，回家就对小孩子撒气；夫妇之间，有了一点儿口角，也迁怒于小孩子，在小孩子身上出气。不但做父母的拿自己的小孩儿出气，就是学校里的老师，也常常拿学生来出气。尤其近年来，教师为生活中的柴米油盐等琐事发愁，心情时常是很沉重的，因此，有时会无缘无故骂起学生来。

为什么小孩子最容易被人当作出气筒呢？大概是因为孩子正处于生长发育阶段，好动易犯错误，小孩子力量弱，没有办法反抗。同时，在成年人的心目中，总以为小孩子什么也不懂，因此出现成年人在"不顺心"这根导火索的引导下拿小孩子来出气的现象。

"脾气"谁没有呢？尤其在今天的社会中，到处都有"气"给你承受，社会愈不安，经济愈窘迫，人们受"气"的机会便愈多，而"出气"的机会呢，当然也愈多。拿小孩子来出气是很容易的，但是，这样会对孩子造成极大的生理及心理创伤。父母把小孩子当作"出气筒"，无缘无故地骂小孩子，打小孩子，把打骂小孩当成家常便饭。以后，小孩子犯了错误，你再责罚他时，他对这些已习以为常，便没有任何作用了。即使偶尔打骂孩子，也会让孩子感到恐惧、缺少安全感。这是第一个害处。

有时候，父母满肚子的气，发泄在小孩子身上，打起来便不择手段。记得有个做母亲的，自己受了别人的气，就把自己三岁的小孩猛地往路旁一摔，结果小孩的门牙被摔断了，满口的鲜血，真叫人心痛。后来，我看到那个小孩子缺了牙，说起话来，因为漏风，很难听，这还算是小事！假使那个小孩子的手脚给摔断了，那不是害了他的一生吗？成人这样做于心何忍？所以，拿小孩子出气，容易给小孩子造成终身的遗憾。这是第二个害处。

小孩子有小孩子的意志，小孩子有小孩子的人格。成人应当尊重小孩子的意志，尊重小孩子的人格。童年，是人生中最美好的一段时光，应让孩子无忧无虑地生活，尽情享受父母等长辈的爱，在教师的关爱下接受教育，健康茁壮成长。因此，请家长和教师学会调整自己的心态及情绪，一定不要把自己在工作和生活中的"不顺心"转嫁给孩子，别任意把小孩子当出气筒，让孩子在快乐和幸福中成长。

回 声

小学语文教材里有这样一个故事：

一只小青蛙跟着妈妈游到桥洞底下，看到周围美丽的景色，高兴得叫起来："呱呱呱，多好看呢！"这时，不知哪儿有一只小青蛙也在叫："呱呱呱，多好看呢！"小青蛙问："你是谁？你在哪儿？"那只看不见的小青蛙也在问："你是谁？你在哪儿？"青蛙妈妈告诉他："这是回声。你在桥洞里叫，声音的波纹碰到桥洞的石壁，会返回来。这样，你就听到自己的声音啦。"小青蛙听后高兴得一蹦老高，又游回桥洞里，呱呱，呱呱地叫个不停。桥洞里立刻响起一片呱呱，呱呱的回声。小青蛙欢快地说："多好玩啊！"

美妙的回声，是大自然的回应，是真实的回应，所以小青蛙从中得到了极大的快乐和欢愉。美妙而又真实的回声也同样可以给予人快乐和激励。

今秋的开学典礼，我以抽奖发红包的形式把对学生的要求，以校长寄语的形式送给学生。其中一个内容就是礼貌待人，见面主动问好。打招呼是一个最平常不过的礼貌动作，是对别人尊重与友好的表现。多数学生都能按照教师的要求，做到见面行礼或主动问好。每一个小小的招呼，每一句轻轻的问候，都包含着学生很多的敬重，也包含着学生很多的期待。一个月后的重阳节，附小的退休老师在明德开展活动，他们高兴地向我说起明德的孩子们真有礼貌，个个会向老师问好，这是别的学校没有的。于是，我在星期一的升旗仪式上，把退休教师赞扬孩子们礼貌行为的话告诉了孩子们。对孩子们善意的举动，我给予了积极的回应和及时的表扬，孩子们从中感受到了快乐与幸福。这以后，校园里孩子们的问好就更多了。"校长好！""校长好！"无论什么时间，无论走在校园里的哪一个角落，都有这样的问好声。他们一看见我就会来到我面前，立定、弯腰、鞠躬、行礼、问好，是那样自然，那样真诚。清晨，几个小女孩会一起跑到你面前用刚学的英语向你问好："Good morning, Mr. Wu."放学时，他们站成一队在校门旁边等校车，异口同声地向你问好。对每一个孩子，我都一一回应"你好""你好"。更让我感到惊喜的是，这一周，三年级的几个小女孩还亲手制作了好些小贺卡送给我。

很多成年人会有一种感觉，若对方对自己没有回应或不及时回应，自己的情绪就会产生巨大的波动。幼小的孩子更是如此。所以，对孩子来说，无回应即是绝境。一张笑脸，能够让孩子感到轻松和鼓励；一番激励的话语，能从心灵深处感染孩子；一个信任的眼神，能让孩子感到被重视；一张小纸条，可以传递爱和信任；一朵花、一张贺卡、一封表扬信，都可以成为爱的信物；对学生的问候回一声"你好"，传递着对学生的尊重。

弗洛伊德的著作《性学三论》中讲到一个故事：一个三岁的小男孩在一间黑屋子里大叫："阿姨，和我说话！我害怕，这里太黑了。"阿姨回应说："那样做有什么用？你又看不到我。"男孩回答："没关系，有人说话就带来了光。"

回声与原声虽有一秒之差，却与原声有着相同的强度。没有回声，就是黑暗；有回声，就有了光。所以，当你想获得别人的关心与尊重时，当你想让你的周围变得明亮起来时，当你想生活在一个充满温暖的世界中时，请从自己做起，珍惜每个生命的声音，让回声永远环绕在这万水千山之间。

讲台上的花瓶

清晨，天空又下起了细细的小雨，空气中散发着泥土的芳香，雨中小草更清新，柳叶更婀娜，还有小鸟在林中鸣叫……一切都是那样美好。但一跨进教室，却有一种异样的感觉，学生都在盯着我，有的还在偷偷地笑。仔细一看，原来讲台上多了一瓶花，几支路边的野花插在一个矿泉水瓶里。

我询问了个别学生得知，这一杰作的作者是全班有名的"捣蛋鬼"王余路！于是，早上那种好心情顿时消散，立刻就想批评他。在我一伸手想把花瓶移开之时，忽然脑中有了一个新的想法。我在空中用手画了一个圈又收了回来。于是我转向全班学生说："同学们，大家有没有发现我们班里的新鲜事？"只听见同学们异口同声地回答："花！"没想到这花在学生心中的印象竟然如此深刻！我用手指着花说："这花的色彩、形状搭配得多好呀！这充分说明了插花的人是有一定审美能力的。更让人惊奇的是，他能把大自然中不起眼的野花，经过奇想变成美的所在。假如他是一位艺术家，必是一个美的发现者；假如他是一位教师，必使每名学生都变成品学兼优的学生！"

听到这话，全班学生先是一愣，后来都不约而同地鼓起掌来，并把目光投向王余路，王余路羞得低下了头。于是，我又说："我代表全班感谢这名同学为我们带来美的享受，为我们带来美的、温馨的一天。老师为有你这样的学生而感到骄傲！"王余路此时满脸通红，从大家的掌声中明白了很多道理。

　　再看那个花瓶里的花，粉的、黄的、浅红的，花瓣上还沾着雨珠，清香美丽，绽放在讲台上，为教室平添了一丝春色，也让教室多了一份温馨与和谐。法国雕塑家罗丹说："生活中不是缺少美，而是缺少发现美的眼睛。"在日复一日琐碎的教育工作中，我们更多的是以一种"习惯性"在做事。习惯了对好的行为给予表扬，对不好的行为给予批评，习惯了学生一出错最先想到的就是批评，习惯了用简单的方法处理学生的问题。对学生的评价习惯参照脑中已经形成的印象，好的学生给予好评，差的学生给予差评。一切的美产生于心，境由心转，对身边的万事万物倘若你不屑一顾，你可能永远也不会发现美。静一静，等一等，用智慧的双眼去发现孩子身上的闪光点，用平和的心态去面对孩子的缺点，那么每一束花都是芬芳的、美丽的。

空瓶子

一

今年的全市暑期教师集训会，会前举办者为每人准备了一瓶矿泉水，摆放在桌子上。那天上午，会议流程都走完了，就等着主持人宣布会议结束。闲着无事，我拿起空矿泉水瓶随意地倒腾起来。我把瓶口朝下让瓶子倒立，左手大拇指和右手食指紧紧地夹着瓶盖，然后两手向顺时针方向用力，让瓶子旋转。起初，习惯性地使劲，两手指也很自然地迅速松开瓶盖，瓶子转得非常快，但一会儿瓶子就像一个醉汉一样，歪歪斜斜地倒在桌子上。一旁的同事见状也试了试，跟我比谁转动的时间长。此时，再转瓶子的时候，我就小心多了。我屏气凝神，两手轻轻地转动瓶子，从开始到最后松开瓶盖，用力始终保持均匀。结果瓶子匀速地转动，也不摇晃，而且，我发现两手越协调，用力越均匀，瓶子转得就越平稳，转动的时间也越长。

这种现象在生活中是很常见的。英国利兹贝克特大学的高级讲师布莱恩·汉利对2001年至2015年共14年间参加世锦赛和奥运会马拉松比赛的1222位选手（673位男子选手和549位女子选手）进行了速度控制方面的统计。结果发现，女性运动员比赛时减速的人数比较少，退赛的人更少。这是由于参加马拉松比赛，控制速度是非常关键的。女选手自始至终速度都比较平均，而男选手在起跑阶段往往速度较快，所以后半程就很难坚持下来。

"欲速则不达。"任何事情都必须遵从规律，急于求成终会导致失败，教育亦是如此。叶圣陶先生曾说过这样一句话："教育是农业而不是工业。"这句话就是说，教育就像农作物一样需要一个缓慢的生长过程，需要很长的一段时间，而不是像工业产品那样能迅速出炉。

可在学校教育活动中，教师常常"恨铁不成钢"，希望什么都"立竿见影"。学生作业没做完，罚学生站；学生上课讲话，厉声责备他；学生题做错了，撕掉本子让其重做；学生乱丢纸屑，罚他扫地；等等。对学生有太多太高的期待，学生一旦出现问题，就去责备他们，惩罚他们，似乎这样那些毛病和问题就得以解决了。可事实又怎样呢？学生爱讲话，教师责备了一下，学生只不过当时收敛了；学生不做作业，被罚站了，下次也未必会认真做作业；题做错了，本子撕了，也不一定就会了；被罚扫地了，也许过些时候还会一样乱丢。其实，对学生的违纪，教师放一放，冷处理一下，留给学生反思的时间，也是一种教育艺术。

陶行知先生当校长的时候，有一天，看到一位男生用砖头砸同学，便制止他的行为并叫他到校长办公室。当陶校长回到办公室时，男孩已经等在那里了。陶行知掏出一颗糖给这位同学："这是奖励你的，因为你比我先到办公室。"接着他又掏出一颗糖，说："这也是给你的，我不让你打同学，你立即住手了，说明你尊重我。"男孩不可思议地接过第二颗糖，陶先生又说道："据我了解，你打同学是因为他欺负女生，说明你很有正义感，我再奖励你一颗糖。"这时，男孩感动得哭了，说："校长，我错了，同学再不对，我也不能采取这种方式。"陶先生于是又掏出一颗糖说："你已认错了，我再奖励你一颗。我的糖发完了，我们的谈话也结束了。"

设想下，假如陶先生等学生来到办公室，先是来一顿呵斥，或者不会呵斥，但把四颗糖一次性发给他，会不会有同样的效果呢？不难想象，肯定不会有。四颗糖，四次分发，而不是一次性发给，说明教育需要慢慢来，尤其是对犯错的孩子。这表现出了陶行知先生的教育智慧，也体现了陶行知先生对孩子的尊重，反映了他对孩子成长规律的深刻认识。

二

后来，我又想，若把瓶子灌一点儿水，再倒立起来旋转，结果会怎样呢？这是一个物理常识，很显然，重心越低，旋转也就越平稳，旋转时间自然也就越长。

同样，如果教育者降低"重心"，也会收到好的效果。教育者降低"重心"，便是蹲下身子看孩子，站在孩子的角度看问题，走近孩子。

浙江省特级教师何夏寿在《爱满教育》一文中，谈起自己刚走上讲台那会儿，要求学生所有的课文，必须会背会默写；所有教过的歌，必须会吟会唱。可问题来了。唱歌倒没什么，不会唱可以声音小一点儿，会唱的可以嗓门高一些；但学过的课文不会背就是不会背，不会默写就是不会默写。于是他开始对孩子们实施"关夜学"，背一个，放一个。有一次，他关一个孩子背课文背到日落月升，孩子的母亲打着手电来到学校。看到母亲，背不出课文的孩子"哇"地大哭起来。他去帮孩子擦眼泪，孩子竟狠狠地咬住了他的手，他用了好大劲才挣脱。孩子趁机跑出了教室，逃进了黑夜里。孩子的母亲半天才反应过来，说了句"何老师，你也真是……"没好脸色地转身就走。

何老师带着伤痛回到家，把满心的委屈一五一十地告诉了母亲。母亲对他说"其实，那小人儿咬你也是有道理的。你想想，叫你一天到晚又背又念，你会不厌烦吗？对孩子好但也不能强迫。会背的就背，不会背的可以读，再不会的就让他跟你念。"

第二天，何老师用了母亲的方法，对于教过的课文让学生会背的就背；不会背的可以读；再不会读的，跟着他一句一句地念。这一招还真灵，到放学时，50个孩子个个过关，他心花怒放。昨天咬他手的男孩也大声地读出了课文，显得很高兴，离开时还用他脆脆的嗓音喊"老师再见"。后来，在语文课上，他会根据课文内容，在快结束时，安排孩子们唱一首歌，或者自己讲一个故事，或者自己说一句笑话，孩子们都显得特别开心。

陶行知先生说："我们必须变成小孩子，才配做小孩子的先生。"何老师的母亲虽然不懂教育，但她却是降低了自己的"重心"，是站在孩子的角度去看孩子的。

苏霍姆林斯基曾说："孩子们不仅是用智慧，而且是用整个心灵来感知周围的世界。""蹲下身子"才能发现孩子看到的真正的世界。《窗边的小豆豆》里的那个总爱望着窗外人来人往的小豆豆，也告诉我们——每个孩子都有一个窗外的世界，那里藏着他们的小秘密，需要我们这些教育工作者用心去发现。

老师，别这样"心太软"

人们常说老师是孩子生命中的贵人。因此，很多的老师如红烛，燃烧自己照亮别人，呕心沥血，恨不得把自己所知道的一切都倾倒给学生。但怎样才能做学生生命中的贵人，为学生"传道、授业、解惑"呢？

不妨先听听教师版的《心太软》这首歌。

"你总是心太软，心太软，可知道学生心里真勉强。你总是心太软，心太软，把所有问题都自己讲。教学总是简单，交流太难，不是你的，就不要多讲。铃响了，你还不想停，你还要讲几分钟啊？你这样讲解到底累不累？明知道学生心里在怨你，只不过想好好讲透课，可惜学生不能给你满分。多余的牺牲你不懂心痛，你应该不会只想做个'讲师'。噢，算了吧，就这样忘了吧。该放就放，再讲也没有用。傻傻等待，学生已学会依赖，你总该为学生想想未来。"

歌词道出了现实中经常可以见到的情况：一些教师在课堂上口若悬河，讲得头头是道；一些教师下课铃响了，仍要讲解再三；放学后，还不忘记布置大量的作业。殊不知学生早就想收起书本冲出教室了。

俄国作家克雷洛夫写过一篇寓言《杰米扬的汤》。杰米扬是一个十分好客的人。有一天，杰米扬准备了一大锅汤，请朋友福卡前来品尝。福卡喝了第一碗，感觉很满意。杰米扬劝他喝第二碗。第二碗下肚，福卡有点儿嫌多了。

明心为师

可杰米扬没察觉，仍一个劲地劝福卡喝。福卡终于忍无可忍，丢下碗，拂袖而去。可见，再好的东西，如果不加节制地强加于人，就会和杰米扬的汤一样令人讨厌。教育也一样，如果"过度"便会使学生产生反感。

教师都知道，一节课刚开始的时候，学生注意力集中，思考积极，回答问题声音响亮；到课中，一些学生就可能去做其他的事，而不是在听老师讲了；而到了快下课时，学生又开始抬头看老师了。这种情况的产生，除了与学生有注意力规律有关之外，还与教师过多地讲而没让学生充分参与有关。教师在课堂上"把所有问题都自己讲"，是教师在关注自己的教学任务完成与否，是教师在"以自己为中心"，而不是"以学生为中心"。学习应该是学生自己的事情，只有学生自愿自觉地参与到学习中来，才能达到教育的目的。

马克思说："教育绝非单纯的文化传递，教育之所以是教育，正是在于它是一种人格与心灵的唤醒。""人之初，性本善。"教育的核心所在就是唤醒，唤醒学生生命中的"善"，唤醒学生生命中的灵性和欲求。《放牛班的春天》中，带着一丝失落的马修，来到名为"池塘底"的辅修院，发现了这帮"无药可救"的"恶魔"对自由的渴望，对音乐的向往，于是组建了一支合唱团，从而将这些"恶魔"拯救，让他们也看到了"春天"。

教育的过程是"生命在场"，只有能够激发学生进行自我教育的教育，才是真正的教育。因此，教师不能"心太软""把所有问题都自己扛"。真正的"心软"应该是尊重、理解、关心学生，倾听学生的心声，遵循学生成长的规律，这样才能成为学生生命中真正的贵人。

立德先立孝

今年"三八妇女"节，我们明德学校举行了以"甜蜜的惊喜"为主题的系列感恩活动。其内容主要有：给远在外地的妈妈打个电话；为妈妈、奶奶或外婆倒杯水、捶捶背、洗洗脚；给妈妈做一张小小的贺卡，跟妈妈说声"节日快乐，祝您永远健康美丽"；为妈妈表演一个节目；写一篇用真情酿成的美文，让妈妈感受其中的甜蜜。学生可选择其中一项或几项，向身边的女性长辈表达感恩之心。

在农村小学开展这样的活动，学生是否会积极参与？家长是否会积极配合？活动到底会有多大的效果呢？我们不得而知。为了确保活动有好的效果，学校政教处召开班主任专题会，就这项活动的目的、要求、实施办法做了详细的安排。3月7日各班就开始有序布置了。有的班级通过看视频，讲孝亲故事等进行激情动员；有的班级还提前在班上让同学之间互相实习如何洗脚（孩子们带来各式各样的洗脚用具、用品——脸盆、香皂、毛巾、乳液等）。

当晚，各班群里反响非常强烈，家长纷纷在群里晒孩子活动的照片。有给妈妈洗脚的，有帮妈妈扫地、洗碗、叠衣服、带弟妹的，有给妈妈制作贺卡、唱歌的等等。很多家长还表达了自己心中的感动。

"妈妈感谢你为我洗脚，心里真感动！这种感动不是用语言能表达出来的，而是一种心灵的享受！"

"百善孝为先。"教育孩子要从日常生活中的点滴做起，来培养他们孝顺父母的美德。这也要求父母先做榜样，在行动上做孩子的表率。"可爱的宝贝，今天表现太棒啦！"

"感谢培养孩子孝顺的美德，听到孩子说这话，是我一辈子难忘的事。我非常感谢老师的栽培。"

"千万不要等有一天，我们老了，在孩子的眼里，他的妈妈（爸爸）只会洗衣、做饭、种地……"

也有一名男同学说："我从小到大，大部分时间都是妈妈在给我洗脚，今天则变成我给妈妈洗脚。我从沾湿妈妈的脚到按摩，从开始到最后，都用最舒服的方式来给妈妈洗脚。在洗的过程中，妈妈好像在哭，不知道是因为我这举动而哭，还是因为太痒笑到哭呢？"

我们活动的目的就是为了让孩子在接受爱的同时学会关爱、学会付出、学会回报；懂得孝敬，懂得体谅长辈的良苦用心，更懂得珍惜这份难得的真情。从这些图片和留言中，可以感受到，开展这样的活动，使孩子对于孝顺本身产生了极大的共鸣。这次活动，不仅孩子受用，家长也因此受惠。

《国家中长期教育改革和发展规划纲要》明确提出："坚持德育为先，立德树人，把社会主义核心价值体系融入国民教育全过程。"习近平总书记多次指出："国无德不兴，人无德不立。如何立德？"《孝经》第一章说："夫孝，德之本也，教之所由生。"告诉了我们"孝"是立德之本。

然而，现实中学生甚至家长对"孝"的理解和认识存在偏差。有的学生认为家长付出是天经地义的，从未想过怎样尊敬长辈、关爱他人；有的学生认为只要好好学习，考高分就是孝敬父母，因此大多数学生很少做家务，甚至不做家务，他们不觉得记住父母生日、做家务就是孝敬父母。

父母是我们的生命之源，是我们人生的启蒙老师，是天下最疼爱我们的人。从我们呱呱落地，到蹒跚学步，再到翩翩少年；从我们咿呀学语，到迈进学校大门，再到学业有成，独立于社会，父母不知倾注了多少心血。倘若没有父母的抚养，又何以有自己的成长？父母对子女的这份深情厚爱，又有什么能超过？人非草木，孰能无情。林则徐也说："存心不善，风水无益；不孝父母，奉神无益"。一个连自己父母都不尊重的人，能指望他爱别人吗？

孝不开，德行不开。从孝悌亲情开始，可以用孩子对父母深深的敬意来激发孩童的感恩之心，使其仁民爱物、胸怀天下、心系苍生，成为有道君子。这一点，应当成为我们德育工作的共识。开展孝心教育活动，不仅只是把"三八妇女"节，还应把母亲节、父亲节、重阳节、春节等节日一起做成孝心教育系列，给每个节日确立不同的主题。可以在校园内外创设浓厚的孝心教育、感恩教育活动氛围，丰富学校教育资源。可以在班级和学校开展"三心三献"活动——孝心献家庭，爱心献社会，忠心献祖国。重要的是把孝心教育融入日常生活中，让学生从小体会家长的不易，从孝心教育开始，唤醒学生的仁爱之心，让学生由爱父辈祖辈等扩大至爱他人、爱人民、爱全人类，由爱自己的家庭延伸至爱家乡、爱祖国、爱我们的地球。

"君子务本，本立而道生。孝悌也者，其为仁之本与！"所以立德，必先立孝。

每朵花都有自己的"春天"

家里有一盆仙人球，养三年多了，一直也没怎么在意。记得时就浇点儿水，天冷了就搬进室内。春天来了，就把主球上围成一圈的子球割下重新移栽，仅此而已。今年初夏之际，仙人球顶上忽地冒出了两个紫色的毛茸茸的小柱子。是要开花了吗？因此，便多了一分好奇与期待。说来也怪，你在意它时，它却又没什么动静了。一连十多天还是那个样子，像两只"丑小鸭"。不知是那段时间雨水多了，还是就是长成这样。昨天早上，走上阳台，发现这两只"丑小鸭"长高了，顶端露出了一点点的白色，似乎是含苞待放了。心中甚是欣喜，开始想象着这两只"丑小鸭"到底会长成什么样子。心想第二天早上一定第一时间去看看。不曾想，仙人球又一次出乎我的意料之外了。晚上大概十一点钟，我去关阳台门，突然发现，仙人球竟在夜里开花了！太惊喜了，第一次见仙人球也开花了。两朵花，洁白无瑕，宛如两朵冰清玉洁的雪莲；亭亭玉立，好似两把华丽的大伞。它静静地绽放在漆黑的夜里，像是两盏明灯，而中间的那点点花蕊便是它的灯芯了。

原来，每朵花都有自己的"春天"。桃花春天开放，荷花夏天开放，菊花秋天开放，梅花冬天开放，每一朵花都有开放的时候，每一朵花开放的时候就是自己的"春天"。桃花开的时候，别的花不会自卑，它们默默地等待，因为它们知道，它们也会开放，也会灿烂，并不比别的花逊色。

每一个孩子，不也是一朵花吗？因此，我们应该相信孩子也一样有自己的春天，并"静待花开"。

"静待"需要的是一种宁静的心态。静是一种境界，是一种大智慧，是一种不显山、不露水的渗透之力，像阳光，虽无形，却能成为万物生长的动力。我们生活的时代是一个飞速发展、急速变化的时代，是一个时间宝贵、效率至上的时代，也是一个匆忙得让人焦灼的时代。人追逐的是一种诱惑，少的是一点儿干净、纯洁。忙碌中，我们忘记了未来，忘记了缓慢，忘记了宁静，进而忘记了自己，忘记了灵魂。没有了灵魂就没有信仰。这样的匆忙和催促，也带进了我们对孩子的教育当中。"作业做快点儿！""书没读完的先停下来！""你怎么还没听懂？"这样的声音常常充斥我们的课堂；"不让孩子输在起跑线上""快，快，快，学这个！快，快，快，学那个！""别人的孩子学钢琴，咱也不能落后！"这样的话语常常挂在家长的嘴上。"欲速则不达""非宁静无以致远"。孩子的学习、成长，需要他们自己去体验，去感受，去学会，这是旁人催促不来的。教师不急、不躁、不催、不赶，方会尊重教育的规律，尊重每一个孩子的尊严，耐心等待每一朵花开放。

"静待"是把时间和空间留给孩子。教师过多的讲解、过多的作业，家长让孩子上过多的补习班……孩子全部生活的内容都是枯燥的学习，从而影响了孩子学习的兴趣，影响了孩子的成长。孩子，生来就有强烈的好奇心，不会以学习为乐事，此时教师若能顺势而为，耐心引导，他们就能通过欣赏、发现、创造，体验天赋带来的愉悦与自由的感受。把时间还给学生，让他们拥有属于自己的一片天地，有充足的睡眠，有健康的身体，孩子便会自由健康地成长。

孩子如花，需要细心地呵护，慢慢地看着他们长大，陪着他们沐浴阳光风雨，这何尝不是一种幸福？

相信孩子，静待花开。

操场上的那个女孩

冬天的校园里最吸引人的地方就是学校的操场。冬日的阳光铺在草坪上，显得格外温暖。课间，师生常常会在草地上坐一坐，躺一躺，或者打个滚，跑上几圈……

上午第二节课，太阳还没完全出来，温度也不是很高，还略有些风。操场的一角，一个穿着校服的小女孩，一个人在操场上盘腿坐着。这个时候她怎么会一个人坐在那儿呢？是不愿上课，偷偷溜出教室的？是因为作业没做完，或是书没读熟，还是什么别的原因？是老师不让她进教室，逗留在这儿吗？我不由得走近了小女孩。

小女孩见我走来，连忙拿起身边的那张小纸，低着头读了起来："他回头一看，乌龟才爬了一小段路呢，心想：乌龟敢跟兔子赛跑，真是天大的笑话！我呀，在这儿睡上一大觉，让它爬到这儿。不，让它爬到前面去吧，我三蹦二跳地就追上它了……"小女孩声音很好听，读得很流利，节奏、停顿都掌握得很好。

"你怎么一个人在这儿读啊？"小女孩把头压得更低了，默默地看着那张纸没有回答我。

"你叫什么啊？"

"刘雨涵。"小女孩这次开口了。

看着小雨涵那可爱而又楚楚可怜的样子，我挨着她坐在草坪上，拉起她冰凉的小手捂在手中，和她慢慢地聊了起来。原来小女孩是一年级的，她要代表班级参加学校下午举行的讲故事比赛，老师让她在这里加强训练。

“雨涵，你真棒！你愿意在这里读吗？”

“不愿意。”小雨涵噘着嘴应声答道。

老师这样关照她，她竟然不喜欢！小雨涵的话出乎我的意料。

“为什么不愿意啊？”

“一个人在这里，没个伴，我不喜欢。”

“要是还有别的同学和你一起读，你愿意吗？”

“愿意！”

“那要不，我送你回教室吧。你去给老师说，在教室里会读得更好的，好吗？”

小雨涵坐在草坪上一动也不动，也许是那个故事还没读熟，怕老师说她，也许是不敢去跟老师说出自己的心里话，我怎么劝，她都不肯去教室。见此，我只好鼓励她，让她读好了就去找老师，就悄悄地走开了，小女孩又在那里读了起来。

回到办公室，透过窗子看去，只见她读了一会儿，就跑开了。是我的话起作用了？还是小雨涵读熟了？我并不知道。

静静地坐在办公室里，小女孩那脆生生的话在耳边响起：“不喜欢。”原来，我们的教育很多的是“一厢情愿”。我们是在按自己的想法指挥学生读书、写字或者跳舞、唱歌，却丝毫没有顾及孩子自己的感受。老师为了让小雨涵在下午的比赛中有好的表现，而让她加强训练，出发点是好的，老师也肯定觉得是在为学生着想。但老师的行为能否让她感受到这样是为她好呢？能否让她感受到老师喜欢她呢？很明显，小雨涵并不理解。她的心里并不觉得一次比赛会有多么重要，也并不觉得老师这样做是对她好，她在乎的是她一个人在那里，很孤单，她需要同伴。

“教育的灵魂是爱，没有爱便没有教育。”但这种爱必须要让学生能看得到、听得到、感受得到。因此，我们得时常站在孩子的角度，多思考一点儿：这样做，孩子们是否喜欢呢？这样做，孩子们是否能理解并接受呢？只有把自己当作孩子，保持一颗童心，才能抛开"大人""校长""师长"等身份，和他们交朋友，走进孩子的世界，了解孩子的内心，孩子也就会接纳你，师生融为一体，教育就会因此而变得简单。

过了一会儿，我又不由自主地朝窗外望去，小雨涵又在那儿读了！这次不仅有她，还有一个同伴以及她的老师也在那儿了。老师似乎是在指导她们，小雨涵似乎读得起劲多了。

闲话欠债

欠债，谁都不想发生，比如，我就怕欠债，但却又免不了有欠债的事实。1998年，我因为工作的原因，托老表在武穴买了一套小户型的房子。这对我来说，是一件非常不容易的事，四处借钱总算把房子搞定了。住进新居是欣喜的，可也最怕过年过节了。因为刚搬进去的第一年，过节的头天晚上，建房老板就会准时上门要债，他们也算是有恒心了。敲门声一响（因为怕有人来，把门铃拆了），我心里就"扑腾"直跳，我妻子就更不用说了。磨磨蹭蹭地打开门，说尽了好话，讨价还价，总算达成协议，送走了债主。这一年，过得真不是味。哎，谁叫我们欠债呢。从这以后，我妻子，只要一听我说要借钱办事，打死也不愿意了。

欠金钱债还好，最怕的是欠人情债。亲朋好友之间是这样，陌生人之间也是如此。"礼尚往来"是人之常情，中国人如此，外国人也一样。富兰克林在《致富之道》中就说道："欠债就是相当于你把你的自由交给了别人。如果你不能到期偿还，你将羞于见到你的债主，和他说话的时候心里会十分害怕。在他面前，你会找出种种借口来推托，渐渐就会失去了你的诚实。"领导干部则更不能欠人情债了。一旦欠债，靠什么还？只能靠违背党纪原则去还。于是，违反原则、替人求情、以私害公的事就会轮番上演。《人民的名义》剧中的案例表明，一些领导干部滑向犯罪的深渊，正是从欠"人情债"开始的。

欠债也未必就是坏事。有压力就有动力，适度的负债其实更有利于发展。现在很多企业的发展都是依靠银行贷款来完成的。以前网上曾流传着这样一个故事：有一个中国老太太和一个美国老太太，中国老太太攒了一辈子的钱，到了临死前才攒够买新房的钱，住上了新房；而美国老太太则先贷款，住进了新房，到死贷款也还完了，她也因此住了一辈子的新房。而现在祖国遍地都是"美国老太太"。同样，负有人情债，就会时常提醒你，让你多一份感恩的心，去珍惜这份人情。

还有一种就是欠读书债。我国首位获得国家最高科学技术奖的大数学家吴文俊教授，在回忆他的恩师陈省身教授怎么教他的时候讲到，1946年7月，陈教授把他带到图书馆后就不闻不问了。一年后，陈教授找到吴文俊说："你应该还债了！"吴文俊说："我又没有欠人家的钱，还什么债？""你读了一年人家的书，就是欠了人家的债！"吴文俊说："怎么还？""按照书中正确的说法做下去，发现并记录书中存在的问题，通过思考解决书中没有解决的难题，通过研究写一些自己的东西出来。就这样还债。"从此，吴文俊就开始不断地欠债、还债。故事告诉我们，读书就是欠债，欠债就要还债。读书后，写出自己的东西来，就是还债。

教师是人类灵魂的工程师，要想在精神与心灵层面滋养学生，就要有各方面的知识。一个知识面不广的教师，很难真正给学生以人格上的感召力。一个人在成长中如果没有去认真阅读思考，没有去以写作还债，就会缺少底蕴和情怀，就会缺少信念和支撑。因此，要在备课、上课、批改作业等简单琐碎且单调重复的工作中，寻找生命的价值。发现生活的美好，唯有读书。读书是与人类最伟大的智慧对话的过程，是用我们的生活阅历，同大师们对话的过程。这个过程，实际上就是在学习大师们的思想、经验和做法，就是"欠了他们的债"，就应该以一种感恩的心去"还债"、去写作。写作就是结合读书与实践，重新对教育生活进行总结、归纳、反思和提升的过程。通过这样的写作，自己就会以全新的方式审阅并接纳自己的教育教学生活，从而促进自我的提升。我们身边有很多优秀的教师，甚至教学能手、模范教师，他们没有走得更远。为什么？因为他们在积累了一定程度的经验后，便以经验去工作，而没有用"欠债"的思维去读书、去还债。

教师不愿意欠债、还债。也许就是人与生俱来的心理吧。不读书就不欠债，也不用还债，自然也就无债一身轻了。试想，一个人如果永远是在这样的一种"一身轻"的状态中，便如一叶芦苇随风飘浮。教师不读书就如拿着一张教育的旧船票，在经年累月间重复昨天的故事，没有变化，也就没有教师真正意义上的发展。但如果教师用"欠债"的方式去工作、去学习，则会有很大的提高。读了多少书就欠了多少债，债欠得越多，还得也就越多。而在不断欠债、还债的过程中，你自然就会得以成长和提升。

让孩子在生活中学会爱

有一则洗衣粉广告，说的是妈妈下岗了，四处找工作。小女儿在家做完作业，帮妈妈洗好衣服。妈妈拖着一双疲惫的腿回家，见到伏睡在桌子上的小女儿和桌上"妈妈，我可以帮你干活儿了"的纸条，泪流满面。

"感人心者，莫先乎情。"是啊，纯洁的童心，对母亲那份诚挚的爱，叫哪位观众能不动情呢？

很多学生是独生子女，随着生活水平的提高，他们得到了父母、爷爷奶奶、外公外婆们一大串无尽的爱，"小皇帝""小太阳"们过的是衣来伸手、饭来张口的日子。这种生活使孩子们从小就依赖性很强，缺乏独立自主的意识，更缺乏对他人的理解和关爱。

蜜罐中长大的孩子，哪怕就是一杯水，他们喝着也是苦的。家长的溺爱对子女的成长最终只会是一种伤害。在给孩子爱的同时，也应该让孩子学会去爱。学会爱父母、爱他人，学会爱生活、爱社会、爱祖国。孩子如同一棵小树苗，只有接受"爱"的阳光照射，小树苗才能苗壮成长为参天大树，才能散发出自身爱的温暖，用它的树荫为人们遮阴，用他们的爱回报社会。

爱从生活中来。让孩子学会爱，家长应从日常生活的点点滴滴中去挖掘和培养。我的小女儿3岁了，吃饭还总要妈妈一匙一匙地喂。有一次吃饭时，我让她妈妈假装手疼，而且是疼得抬不起来的样子。女儿瞪着眼睛，很吃惊，但没有反应。我连忙跟她说："小乖乖吃饭时不能再让妈妈喂了。要不然，妈妈手疼，不能工作，不能做饭，那多不好呀。小乖乖是聪明的孩子，现在长大了，自己的事自己做，再也不能让妈妈喂饭了，你说对不对？"女儿听得那样认真，打那儿以后再也不要妈妈喂饭了，而且走路，也很少要我们抱她。她还经常唱幼儿园学会的那首"我的好妈妈，下班回到家，劳动了一天，多么辛苦呀，妈妈，妈妈快坐下，请喝一杯茶……"的歌，当女儿边唱，边端来她自己的小椅子给妈妈坐时，我看见妻子满脸洋溢的是幸福，搂着女儿亲个不够。

让孩子在生活中学会爱。细心的家长，你将会从孩子身上得到许多意想不到的收获。

让每次会议都有温度

每学期学校各个部门的老师都要就自己的工作，面向全体领导和教师代表进行汇报，而今年是要面向全体教师进行汇报。汇报的对象发生了变化，那么，我又该如何去准备自己的汇报呢？还是像以往一样，以工作为主，谈做法与经验，成绩与得失？诚然，如果这样去汇报，也并非不可。可一想到这次面对的是全体教师，明德学校的全体教师都要听我的汇报，他们又想关注什么呢？假如是我在听，我该关注什么呢？这些问题让我静下心来，重新去思考如何进行汇报。于是脑中回想起了自己每次开会或是听汇报时的情形。如果提到自己的名字，或是有自己的图片呈现的那一刻是最让我高兴的。将心比心，教师们不也一样吗，不也希望得到关注与认同吗？

于是，我调整了思路，汇报以PPT形式展现，以学校工作为主线，把教师和学生的活动贯穿起来。整整一周，梳理一学期的工作，收集学校各处室所有活动的图片，反复修改文稿。活动有了，教师的图像、名字也有了，但似乎还不够完善。想到是期末，更想到这一学期工作的成绩是依靠全体领导和教师的辛勤付出才得来的，于是又加上一学期来所有受表彰人员的名单，并组织全体教师照"全家福"并把照片展示出来，以此感谢他们一年来的辛勤努力，更是以此增强教师的凝聚力。

文稿的完善，只是汇报的第一步，但如何能更精彩地展现学校与教师的风采呢？还是以突出教师为主吧。因此，在汇报时，我将一些理论性的、专业性的文字全部放进PPT里，只呈现而不叙述。我的语言更多的是去吸引大家关注PPT上教师的身影。最后，我以自创的《水龙吟·明德风流》一词结束汇报。词中取了全校每位教师名字中的一个字，不但体现了教师的风采，而且也总结了学校一年来的工作与成绩，属于画龙点睛之笔。以下是这首词：

水龙吟·明德风流

明德竞显风流，两军刚俊全祥范。珍怀磊落，敏锐绝伦，慧华平婉。游燕婷婷，鹏欢凤舞，琼林翩恋。望江川伟丽，兰娟清秀，点霞英，春堂染。

半载初心不减，踏征程英雄亮剑。高雅阅读，青蓝相济，星光微渐。教室怡人，活动出彩，足球惊艳。盼馨园盛景，梅红李映，芳香醉晚。

汇报展现所有人的图片或名字，是鸡尾酒会效应，也是非正式表扬。但把主体留给教师，使每一位教师既得到了尊重，找到了认同，找到了自己在学校工作中的存在感与认同感，又从中感受到了学校的温暖与和谐。

总结会给予教师温暖，而教研会同样给予教师温情。明德学校年轻教师多，新教师多，很多是第一次接触教育与教学的，对于他们，给予培训与指导尤其重要。学校因此也相应地开展了一系列的活动，如"青蓝工程""师徒结对""示范课""亮相课""入门课""过关课"等。每一次教研活动，我与教师一起研讨，交流中多是语重心长的指导，从课堂组织到教学语言，从文本阅读到教学设计，从理念分享到问题解决。零距离的对话，手把手地教。气氛活跃、融洽，如校园内的桂花一样清香、宜人。而温情与幸福也在这样的氛围中传递。

同样，常规工作会议也充满温馨。每次会议都确定一个主题，如暑期教师集训上的"做一个幸福的老师"，告诉教师学会心态归零，学会阅读提升，学会工作与生活统一；开学之初的"撸起袖子加油干"，引领教师懂得，只有忠诚、规范与改变，才能真正实现自我、成就自我；假期安排会上的"过一个闲淡的假期"，提示教师悠闲而又温情、清静而充实地度假。

会议是学校与教师沟通的最好的渠道，让每一次会议都有温度，充满温情，就会营造出一种和谐的氛围，更好地促进学校和教师间的沟通，更好地促进教师工作的开展。

人非圣贤，故当精一

林建华校长在北大校庆上致辞时，将字音读错，由此引发朋友圈的疯传。网上一搜索，竟然很多名人都有类似读错字音的事情。

2005年5月11日，宋楚瑜应邀在清华演讲。在互赠礼品环节，时任清华大学校长的顾秉林向宋楚瑜赠送了一幅小篆书法，书写的内容是黄遵宪的诗《赠梁任父同年》。在念这首诗时，顾秉林一字一顿，磕磕巴巴，念到"侉离分裂力谁任"时，就被"侉"（读kuǎ）字卡住了，后经人提醒才得以圆场，引起学生们哄堂大笑，场面尴尬。

刘德华的专辑《爱在刻骨铭心时》中有一句歌词，"你就像一个刽子手把我出卖，我的心仿佛被刺刀狠狠地宰"。明明是"刽（guì）子手"，刘德华却唱成了"筷（kuài）子手"。

《冲动的惩罚》中，"就想着你的美，闻着你的香味，在冰与火的情欲中挣扎徘徊"的"徘徊（huái）"被刀郎唱成了"徘徊（huí）"。

名人因为特殊身份特别引人关注，而我们平常人在生活中读错字的事也是常有的。

前年，学校举行元旦联欢时，我的散文《北京的雪》被改编成了一个集诗、书、舞于一体的节目，搬上了舞台。其中有一句"绮春园里，纯白洁净的堤岸，影影绰绰的垂柳，倒映在湖水中，如同一幅幅清新的水彩画"中的

"绮"字，我一直读作（yǐ）。后来排演时，由我朗诵，同事告诉我应该读作（qǐ）。文章虽然是自己写的，但关于这个字的读音，我还真没认真想过。只不过是根据形声字的特点，从"椅、倚"等字上猜测"绮"的读音。差点儿糗大了。

4月23日是世界读书日，学校举办了一场"经典咏流传，阅读亮心灵"的阅读展示活动。我们老师也有一个节目，集体朗诵《大学之道》。其中，有这样一句"其所厚者薄，而其所薄者厚，未之有也！"这个"薄"字，我们在书面语中多是读成"báo"，而在口语中读成"bó"。所以在前期排练时，我们也习惯性地读作"báo"。一位老师发现后，立即提出这里应该读成"bó"。听后真是汗然，一群老师竟将字音读错！于是，我们赶紧找出字典、上网搜索，再次排演时，我们及时做了纠正（听了很多朗诵、百度搜索了很多字义、字音，得出这一结论，但愿没有再次出错）。

汉字里有形声字、多音字、通假字等字音的变化，也有书面语与口语的读音不同，古语与现在读音的不同，方言与普通话读音的不同等等。若不是做细致地研究，读错字音是很常见的事。林校长随后在《道歉信》中坦诚地说自己文字功底不好，所以出错。

"人非圣贤，孰能无过？"所以我们不妨对此给予一些宽容。一味渲染错误本身并没有多大意义，反思其错误的原因或许更能给我们以思考，尽量避免错误才是我们应该去做的。

一代语文名师于永正老师，有一次指导他的徒弟执教《掌声》一文，他先不谈教学怎么设计，却是问这节课要求学生写的字自己练了没有。他请徒弟当面把"班"字写给他看，并指导徒弟，"班"中间的竖撇，起笔高，收笔低。然后郑重地对徒弟说，"写楷书，来不得半点儿马虎和随意，一切尽在细节里"。

一个细节足见于老师平时对教学工作的认真、严谨和一丝不苟。正如他所说，教师就是一本学生天天看的"无字之书"。学生的目光如雷达，无时无刻不在追随着教师，并不由自主、潜移默化地模仿教师的行为。因此，于老师说他在学生面前"不敢造次""谨言慎行"。就连抠鼻孔的坏习惯，都对它保持高度警惕。他要求自己"穿戴不敢随便、字迹不敢潦草、说话不敢随意、态度不敢生硬、错误不敢不认、行动不敢落后、备课不敢马虎、书报不敢不读。"所以他在教学前，会每篇课文自己先读熟，每个字自己先琢磨如何写规范。

大德无形，大教无痕。教师的一言一行，对学生的影响是巨大的、深远的。因此，我们唯有如王阳明所说"精一""博约""尽心"，才能自如。

人性教育不容忽视

最近，中央电视台《社会记录》和《今日说法》栏目相继报道了这样一件事：

现年15岁的涂泽湘，是湖南长沙岳麓区雨敝坪镇的一名中学生。2005年7月2日12时许，涂泽湘和同学冯超、王海相约到肖家冲水库游泳，冯超和王海不慎掉入深水区。在这万分危急的时刻，涂泽湘奋不顾身进行营救。他拼尽全身力气，用肩膀和头部将冯超和王海推向了浅水区……两位同学获救了，而涂泽湘却永远消失在黑暗深水中，永远地让自己的生命停留在15岁……俗话说"滴水之恩，当涌泉相报"，然而，令人匪夷所思的是，冯超和王海被救后，眼看着恩人挣扎的手在水面上消失，居然没有向周围的人呼救，而是不声不响地转身离开……而就在离水库不远处就有很多村民，如果及时呼救也许涂泽湘的生命就不会结束。

这不是特例，在现实生活中，孩子们的有些举动确实让人瞠目结舌。据报载，有一名中学生为了让自己在班里有"一席之地"，竟在强于自己的同学的饭菜里投放蒙汗药！这些缺乏爱心的冷酷行为在学生中已不是一件两件。更让人忧虑的是，这些事情背后潜藏的不良心理并未引起人们足够的重视。

究竟是什么原因使这些孩子这样冷酷无情？我看，人性教育的盲点就是根本原因。

是的，我们需要千千万万的人才，但是，我们首先需要的是千千万万有良知、有人性的人。人与动物相区别的一个重要特征是人有同情心。一个根本不知道关心人、同情人的人，必定会生出阴暗的心理，冷酷无情的躯壳必定包裹着一颗残缺的心。

当前，无论是社会、家庭还是学校都存在着人才观偏差的问题，把智力、分数看得过重，从而有意无意地忽视了包括"同情心""关心人"在内的人性、人格的教育。作为现代人，既需要有以健康心理为基础的高素质，又需要有以同情心、爱心等为内涵的人性美。韩国电视剧《大长今》中，大长今之所以成功，其中有一点就是她心里有诚意、有爱心、有同情心，而今英之所以会失败则因为她过分追求地位、功利从而丢失了人的最基本的人性。因此，人性教育是教育的根本。若是把同情心、爱心从人心中去掉，这样一个"荒漠化"的人性将会让社会变成什么样？

当然，营造一种教孩子学会同情人、关心人、爱护人的氛围，要努力的不只是教师，而是所有的成年人，整个社会，尤其是家庭。"幼儿受于家庭之教训，虽薄物细故，往往终其生而不忘。"这是至理名言。可是，在现实生活中，许多父母恰恰忽视了家长作为孩子第一任老师的影响力。更有甚者，竟然将成人观念和一些所谓的社会经验毫无保留地灌输给孩子。试想，如此家教，孩子的心灵怎能不受到玷污？

孩子是一面镜子，从他们身上照出来的正是家长自己的本色和社会的一个侧面。让我们的家庭、学校和社会都来关心、爱护孩子，让他们的心中永远充满阳光。

善待孩子考试

临近学期末，每所学校都要举行期末考试，考分自然就成为老师、家长和学生关心的焦点。

有一天放学后，两名学生躲在教学楼后说着悄悄话，教师的责任心促使我走过去听。只听他们说："今天发了试卷，你考得怎么样？""我考得不好。你呢？""我也考得不好。""你敢把试卷拿给你爸爸看吗？""不敢，我爸爸一定会打我的。""我也不敢，上次没考好就被我爸爸打了一顿。我爸爸说这次还考不好，就要狠狠地打。""这次我们把试卷藏起来，不告诉他们，怎么样？""好，保密。"孩子为了免遭家长的打骂，只好撒谎，不是说没有考试就是说试卷没有发。

这不能不引起我们每位家长的深思：作为家长，我们究竟该怎样来看待孩子的考试呢？作为学生，平时勤奋学习，总希望考试时能反映自己的学习成果和学习进展。其实，分数的高低是受多种因素影响的。其一，要受试题难易程度的影响。现在的考试也不能说100%的科学，一般考的都是课本基础内容，是面向全体学生的，不会考虑学生个体的差异性。复习的内容没考，没复习的内容却偏偏考了，这种现象是常见的。最近，已有许多学校在考试方法上进行了改革，如武昌实验小学期末考试实行免试制，部分学生不用考了，只需和老师聊天，交流自己本学期的收获和体会，并给老师的教学方法"出点子"。其二，能否适应考试，获得好成绩，不仅取决于孩子的文化知识水平，更取决于孩子的心理素质和心理健康情况。它需要孩子具备较高的知识文化水平、坚强的意志和自信果断的心理承受能力。缺乏任何一方面，都可能导致考试失败。因此，要基于孩子的智力，平时的基础，还要基于全班或全年级的平均分，全班最高分和最低分等，既要纵看成绩又要横比，而不是只看绝对分数。

另外，分数的确是衡量孩子学习的一个标准，但它并不代表一切。分数高未必智力就高，分数低也未必智力就低，不少有创见的孩子分数却一般。何况，同样的分数并不代表同样的智力和能力，只看最后的得分不看做题的过程是不行的。都是100分，有的是迅速求出结果，有的是费了九牛二虎之力才求得的，有的方法简便，有的方法烦琐。这些从分数上是看不出来的，但它却能反映一个人智力水平的高低。21世纪需要的不只是分数，更体现在智力上，最有价值的不是学历而是能力，尤其是创新能力。我国已加入WTO，能力的价值体现将越来越明显。现在在社会上工作最好的人未必是上学时分数最高的人，上学时分数平平长大后有作为的人比比皆是。科科满分的孩子在未来社会并不一定是最受欢迎的孩子，"素质加特长"的孩子才是最受欢迎的孩子。

因此，家长要正确对待孩子考试。家长应做帮助型的家长，全面及时地了解孩子的学习情况，最大限度地激活其潜力。要把功夫用在平时，而不是用在考试前。平时要督促孩子复习，平时要多关心、多指导孩子攻克学习上的困难。考试前家庭要淡化考试气氛，家长不要总叨念考试的事。孩子心理越放松越能考出好成绩。家长越是逼孩子，孩子越容易出现考试焦虑症，或在考场上作弊，或考完后谎报分数或涂改成绩册。这种不诚实的行为又进一步妨碍了孩子良好道德品质的形成。而孩子害怕谎言被识破，招来更严厉的惩罚，整天提心吊胆，精神高度紧张，严重影响了身心健康，甚至导致离家出走等严重后果。

我们身边成功的例子也不少。我一个朋友的儿子，平时聪明活泼，人见人爱，都说是块读书的料。可是一考试，成绩并不怎么好，不是不会做，而是马虎粗心。朋友忍不住批评儿子，不曾想越批评，情况越糟糕。后来，朋友意识到是自己望子成龙心切，给儿子造成了压力，影响了孩子的正常发挥。于是，她改变了方法，发现儿子的闪光点就表扬，结果孩子轻松进入班级全优学生的行列。

因此，我们教育孩子要关注孩子的学习目的、学习态度、学习兴趣、学习习惯、学习方法等，并给孩子创造一个良好的学习环境。家长应该消除一切强加在孩子身上的压力，多积极引导，少强行干预，多说理劝诫，少训斥打骂，多鼓励表扬，少批评指责，多言传身教，少空洞说教。这样孩子经过长期努力，才会形成能力。

我思故我在

北京西城区教育研究院主任周杰，曾经在一所学校任教，当时，那所学校要拆除废弃的锅炉，周杰觉得这样似乎不太好，就向学校建议放在学校里。放哪里？怎么放呢？周杰主任因此没事就钻到锅炉房里，一看就是半天。长时间与锅炉对视，长时间思考之后，他将自己的想法告诉了一位语文老师，请他作了一首诗：

传承——热力管遐想

这是一座钢管迷宫，

突兀，峻峭，

本是热力供暖的心脏，

而今，

注入艺术的灵魂，

它凝成一座雕塑。

冷了的、冰凉的水，

从四面汇来，

在它的胸怀中变成滚烫，

奔涌八方，

它传承能量、激情、理性，

它是跳着、溅着、

不舍昼夜的生命的水。

在云淡风轻的秋日午后，

塑造成一个象征，

象征着教育给予人的力量！

　　这样锅炉被赋予新的内涵，被重新刷上红漆，作为雕塑，既成了学校的一道风景，又可以作为学校教师精神的体现。

　　课堂上学生举手回答问题，有的学生举手，有的学生没举手。这是学校里最常见的一个场景，在我们教师眼中也都是很正常的。我们上课往往会点举了手的学生起来回答问题，一个、两个或者三个，只要达到了我们教学的预期，这个问题就过了。但有一位教师，却对此进行了深入细致地剖析。他发现全班学生有三种情况：一是举手的。这当中有的是真懂、真能回答的，有的是只为配合老师而积极举手的，有的是为图老师表扬的，有的是根本没听清问题、没理解到题意也举手的；二是想举又不敢举手的。这当中有的是对问题没有把握、怕说错了的，有的是知道，但又不敢主动表达的。三是不举手的。这当中有的是真不会的，有的是弄不清老师意图的，有的是不知从哪儿下手的，有的是根本没听讲的。一个常见的现象，在这位教师眼里竟生出这么多的问题。后来，根据这些剖析，他开始对课堂进行研究，从而提高了自己的教育教学水平，成了特级教师。

　　上述两位老师有一共性，就是能在别人看不到的地方看出问题，十分有思考力。

　　但这种思考力，我们很多教师根本不加运用甚至正在丢失。上课就去抄抄书，或者去网上找教学设计，下载课件。也有的就打开白板上的班班通软件，跟着PPT去上课的，那些软件、工具、资料就成了教师上课的主导，教师完全没有自己的思考。课文中不认识的生字、不理解的词语或其他知识，打开百度去搜索，也根本不去思考。长期以这样的方式容易地获取答案、获取自己想要的内容，人自然就会产生惰性，大脑的思考力也会随之下降。

教育是一棵树摇动另一棵树，是唤醒孩子们的成长，是一门心的艺术。教师面对的是一个个鲜活的生命，是不能如放电视一样去教学，如工厂制作产品一样去教学的。因此，教师缺乏思考力，不去思考自己的教育教学方法、不去发现教育教学过程中的问题，是不行的。

一、要有思考力，首先必须得对自己的工作发生兴趣

"与善人居，如入芝兰之室，久而不闻其香；与恶人居，如入鲍鱼之肆，久而不闻其臭。"教师们往往把自己的工作局限于备、教、批、辅、改，局限于填报表册、打扫卫生、迎检评比等。这些简单而烦琐的工作，让自己的思想也变得简单了，让一些工作变得习以为常、见怪不怪。

美国音乐人劳拉·麦金纳尼在念大学时，曾在麦当劳打工。每天早餐时间，她要经手400多个鸡蛋。她把蛋敲碎、打散、煎熟、取出，周而复始地重复这一动作。可想而知，这项工作有多么单调和无聊。后来，她开始对鸡蛋产生兴趣，思考它们是如何因为凝固而变熟的，甚至把眼前的鸡蛋想象成蛋白质在与"热量勇士"战斗。有时，这些鸡蛋会让她想到魏玛时代德国的鸡蛋价格。有时，她会从鸡蛋联想到道德问题。总之，对麦金纳尼来说，她对鸡蛋的认知已远非从前。

美国先锋艺术家，作曲人约翰·凯奇说，如果两分钟后，你仍然觉得某个东西很无聊，试试4分钟。如果依然无聊，就8分钟、16分钟、32分钟，直到你发现，原来它一点儿都不无聊。

"心心于一艺，其艺必工。"同样，如果我们长期去关注我们的学生，就能真正了解孩子的思想、学习、家庭各方面的情况，就能因材施教，唤醒孩子的成长；如果我们关注课堂，把教材反复研读，既读懂文本，又读出文外的知识，就能让自己的课堂灵动而有生命力；如果我们关注教学，在学生出现问题之时，反思、分析，向书本学习，找同行请教，制订计划，不断尝试新方法，这样，就一定会找到激发学生学习兴趣的方法。

二、要有思考力，还得有闲的精神

中国古典文学研究家叶嘉莹女士说："人无论处在一种什么样的环境中，都要时时有一种精神上的闲。"有闲的精神，就会去欣赏、去发现。互联网时代，所有人都是一有空就拿起手机，刷微信、发抖音、看新闻等。把互联网变成了消遣的工具，互联网就会如黑洞一样吸去我们的时间。人不去让自己闲下来，自然也不会去思考了。我们都有一种体验，那就是早上刚醒之时，大脑是最活跃的，思路是最清晰的。原因就是大脑经过一晚上的休息，"闲"了下来。

因此，当我们上完了课，别急着拿起手机，不妨静下心来回顾一下孩子在课堂上的表现，回顾一下这节课的得与失；当学生作业没完成的时候或是题不会做的时候，别急着批评或训斥，而是静下心来思考问题的根源在哪里；当我们忙完一天工作时，也不妨把这一天的工作进行梳理、反思。经常性地进行反思，自然就会让我们的思维变得敏捷，让我们的心变得柔软。

三、要有思考力，还得建造自己的"数据库"

当我们对一种事物一无所知的时候，是不会产生兴趣的，比如，不懂篮球不会去关注球赛，不懂字画也不会去看画展。"思而不学则殆"，只有不断地学习、阅读，才会让我们的思维如泉涌。我们常说，要给学生一杯水，教师就要有一缸水，而不仅仅是一桶水。因此，作为老师，唯有不间断地阅读，才能让这"缸水"不至于枯竭，让这"缸水"始终是满的、新鲜的。唯有大量地阅读，才能站在别人的肩膀上，看得更高、更远，才能使我们更平和、更优雅、更从容地应对工作和生活。

当我们处在一个平淡无奇的位置时，如果我们觉得本该如此，从不去多想，也从不去反思自己的行为，保持原样，那样就只能永远停留在原地了。而如果我们热爱这项工作，对其感兴趣，愿意投入时间，怀有"即使扫大街，也能像莎士比亚写诗一样"的心情，去发现、去思考，那么每一个平凡的日子，都会有不平凡的乐趣与幸福。

杨柳之美

丰子恺在《杨柳》一文中，赞扬杨柳之美与别的一切花木都不同。

杨柳的主要美点是其下垂。花木大都是向上发展的，甚至下面的根已经被斫，而上面的花叶还是欣欣向荣的，在那里做最后一刻的威福，凭仗了春的势力而拼命向上，一味求高，忘记了自己的根本。而杨柳越长得高，越垂得低。千万条陌头细柳，条条不忘记根本，常常俯首顾着下面，时时借了春风之力而向处在泥土中的根本拜舞，或者亲吻，好像一群活泼的孩子围绕着他们的慈母而游戏，时时依傍到慈母的身旁去，或者扑进慈母的怀里去，使人见了觉得非常可爱。

杨柳虽然也高，但它高而能下，高而不忘本。

《世说新语》里有这样一个故事。殷仲堪做荆州刺史，上任时正赶上水涝歉收，每餐只用五碗盘，再没有别的佳肴，饭粒掉在餐桌上，总要捡起来吃掉。这样做虽然是他有心给人做个榜样，却也是由于其生性朴素。他常常对子弟们说："不要以为我出任一州刺史，就认为我会放弃平素的志向。现在我对待物质生活还是像从前那样简朴，没有改变。清贫是读书人的本分，怎么能因为地位高了就丢掉为人的根本呢！"

殷刺史一步步走上高位，不忘根本，如杨柳一样美。人的成长其实也是在不断向"高"，不断向"前"的。那么，我们又是否能常常如杨柳一样高而能下，高而不忘本呢？你是否还记得童年时的天真烂漫呢？你是否还记得最初的学习愿望呢？当你为人师站在讲台上面对学生的时候，你是否还记得你为学生之时的那份纯真呢？当你从贫穷时走过，到慢慢地拥有票子、车子、房子，过上富裕生活的时候，你是否还像当初那样勤俭朴素呢？

问问自己，就有些"不能高而能下"的。比如，初为人师，当学校把一个班交于我时，我想着的是把一个班管好，把一个教学任务完成好，因此为完成教学任务常常自顾自地把课文讲完。为把班管好就有了一些专制的做法，甚至有时也有体罚的事情。我心中所想的只是工作、任务，而没有把自己当作学生，去想想自己当初作为学生时心里的那些希望与渴求。

前几天看到朋友的一篇文章，大意是一位教师渴望着不断超越自我、完善自我，于是积极地参加各种培训。只要有教师培训，她都会抽空尽量参加，一个暑假就出去了三次。她还加入了好几个教师专业成长团队，每个团队的活动也都是全情投入。每次活动谈起收获也是满满的，但就是没有找到"成长看得见"的感觉。为什么会这样呢？文章里谈到，只有时刻记得自己从哪儿来，要到哪儿去，才不会走入歧途，不会不知归路了。

我是谁？我从哪里来？我将到哪里去？时时审问自己的内心，是否忘记了根本。不忘本，方能前行。

隐形的翅膀

一年级教材有《小毛虫》这样一篇课文。小毛虫一开始"既不会跑，也不会飞"，它只能"趴在一片叶子上，用新奇的目光观察着周围的一切"。就是这样一条"可怜""笨拙"的小毛虫，不久却长出了一对"布满色彩斑斓的花纹"的"轻盈的翅膀"，并"灵巧地从茧子里挣脱出来""像一团绒毛，从叶子上飘然而起"。小毛虫终于破茧成蝶了。

小毛虫成功了，其间经历了多少磨难和艰辛，课文尽管描写得不多，但从寥寥数语中，我们依然能够感受它的这番历程："它并不悲观失望，也不羡慕任何人""它一刻也没有迟疑，尽心竭力地做着工作，织啊，织啊……"决心是那样坚定，行动又是那样果断、勤勉。有如此这般的决心和行动，小毛虫能破茧而出，振翅高飞就不足为奇了。

小毛虫最终化蛹成蝶的故事，揭示了有付出就有收获的道理。而"每个人都有各自该做的事情"这句话更值得我们去思考。小毛虫知道它是一条小小的毛虫，应该学会吐纤细的银丝，为自己编织一间牢固的茧房。生活中，我们是否明白自己的职责，是否完成了自身被赋予的职责呢？

还记得我刚走出校门那时，心里也没有多想，只想工作了就得认真去做，认为只要完成好学校交给的任务就是好好工作。因此，我在三尺讲台上也倾注了我的全部，努力地上好每一节课，带着学生一起爬山、野炊等。尽管那时会因经验不足而引起矛盾，但也收获了很多喜悦与快乐。

30岁时，我在一所农村小学任校长。行政事务的增多、现实压力的冲击以及对课堂的远离，使我渐渐变得迷茫，迷茫于职位、薪水、职称、房子、车子，迷茫于教师这个工作该如何继续，也想过逃离。

40岁，一次闲聊时朋友对我说："你离退休还有20多年，这以后你将怎么过呢？"是啊，人生譬如朝露，出校门20年竟是浑浑噩噩，终不明白自己该做的事是什么。后20年，该怎么过呢？难道还不如蜉蝣？富贵不可及，逃离也不现实，未来的路在哪里呢？怎样的生活才是适合自己的呢？怎样的日子才是充实的、敞亮的、幸福的呢？偶然的一次机会，我读到陶继新的《做个幸福的教师》。他说："40岁时就该为60岁考虑。"这句话再次让我静下心来，发现我的身份只是教师。

既然改变不了环境，改变不了工作，那就改变自己。在朋友的邀请下，我加入"共读一本好书"群，从此开启了我人生中真正的阅读。读佐藤学的《宁静的课堂革命》《学校的挑战》我一读再读三读，甚至四读五读，才发现原来教育里还有这么多秘密，竟是我从未思考过的；读朱永新的《致教师》让我发现，原来做教师就是过一种完整幸福的人生；而读于永正的《我怎样教语文》《做一名学生喜欢的老师》，读管建刚的《我的作文教学革命》，何捷的《我的魔力语文课》等，则让我去思考、借鉴，去重新发现、构建自己的语文课堂。阅读如一束光，重新照亮我的心田。阅读也让我开始不断去思考、去发现，去记录生活、课堂中的点点滴滴。陆陆续续，我在《湖北教育》《黄冈周刊》《鄂东晚报》等报刊或微信平台发表文章近百篇，并出版了自己的第一本文集《心灵如泉》。

与文字的相约，使我内心渐渐平静而丰盈，也终于明白自己是一位教师。做教师就是要扎根于教室，扎根于教育的田园里，扎根于经典阅读之中；就是去唤醒孩子，静静地让他们自由长成他们自己；就是让自己也永葆那颗童心，和孩子处在同一频道，更好地陪伴他们成长。这才是我该做的事。

明白了自己该做的事，也终于发现生活原来是如此美好：清晨处处充满灵气、优美的校园，孩子的一声声"老师好"，晨诵时的琅琅书声，课间充满活力的微运动，傍晚绿茵场上，孩子们踢足球时的激情飞扬……无不充满美好。

明白了自己该做的事，也终于知道自己一直有双隐形的翅膀，带我飞，给我希望。我相信只要自己像小毛虫一样尽心竭力，静静坚守；像百合花一样，努力释放自身的能量，全心全意地静待花开，以花来证明自己的存在就不会再迷茫，就会对未来充满希望，坚定信念，勇往直前，激情飞扬。

拥有一份兴趣爱好

新年学校排演晚会节目，我同晚会导演张老师一起商定人选。张老师叹了一口气对我说："不好选，就那几个'老'人。""怎么？我们学校不是有那么多年轻老师吗？那些大多是90后，难道他们不会吗？"我疑惑地问道。"年轻老师是多，可能跳舞的还真没几个呢！"我半信半疑，就让她先去定人了。不久，她们排练，我去看了一下，10人中，7人是"70后""80后"的，新加了3个"90后"的。从动作的协调性、柔和性、舒展性等方面看，"老人"要比"新人"强多了。

怎么会这样呢？乘车上班时，我与老师们聊起这个话题。参加表演的陈老师说："我读小学时，学校美术、音乐课我都上了，还有各种活动小组。我还加入了学校的美术队和文艺队。"一旁的范老师说："真羡慕你，我读书时根本就没接触过这些，从小学到大学，就是上课、做题，其他什么也没玩过。"

听着他们的对话，我沉思起来，我们的教育是不是应该让孩子有一份兴趣爱好呢？曾经看到一家创意公司的招聘启事，其中有一条要求应聘者提到自己的兴趣爱好时能够让人两眼发亮。这条标准不无道理，爱好往往能让人变得有魅力而特别。去年教育局以特殊人才的名义招聘了几位教师。其中有一位，本来是一下岗职工，因为会打羽毛球而被招聘来的。如果不是羽毛球这个爱好他可能当不上老师，只有下岗在家。他的爱好带给他真正想过的生活。

当然，培养兴趣爱好，并不是指望它可以给我们带来物质上的收益，而是希望孩子们能够在未来学习和工作之余，通过爱好获取乐趣、放松身心。如我校作为全国足球特色学校，开展了足球活动。因为体制和环境的因素，这些孩子将来也许大多数都不会进专业运动队，或者从事足球相关的工作。但是在学校的指导下，他们在训练中感受到了足球的乐趣，在比赛中收获了成功的喜悦，既培养了一种终身的爱好，又培养了意志力。这对孩子们将来的工作和生活肯定是大有益处的。因此，我们的教育不应只是关注分数，我们培养的不应只是会答题的人。教师要少给孩子们布置一些作业，多给孩子们一些时间和空间，让孩子们能在玩中培养自己的兴趣爱好。

要培养孩子有一份兴趣爱好，需要我们的教师也有一份兴趣爱好。有兴趣爱好的教师也是最受学生欢迎的。写得一手漂亮的字，讲得一口流利的普通话，唱得一首动听的歌曲，画得一幅传神的简笔画等，都会让你在学生面前加分，让你的课堂生动，甚至影响学生。一些优秀的教师都是有自己的特长的，如于永正老师会在语文课堂上即兴来上一段京剧，北京的高金英老师会经常用小魔术引起学生的兴趣等。

有一份兴趣爱好，可以让我们的精神多一个支撑；有一份兴趣爱好，可以让我们发现更多生命的美好；有一份兴趣爱好，可以让我们发现自己在人群中闪闪动人；有一份兴趣爱好，可以让我们不那么快地淹没在眼前的苟且中。因为这个爱好时刻在提醒着我们，眼前的生活里，也有诗和远方。面对社会和家庭对教育的期待，做好教师工作的确是一件不容易的事，要对得起学生、对得起家长、对得起社会，教师要承受巨大的工作压力和心理压力。因此，我们要学会给自己减压，培养一些业余爱好，多一份爱好，就多一分健康，多一分快乐！

有一份兴趣爱好，成为一个丰富、丰盈的教师，让学生也丰富、丰盈起来。

诗意的教师

为承办第二届全国教育行走夏令营，学校推出了一批"阳光教师"。其中我的标签是"诗意教师"。因此，我很是迷茫，我怎么算得上是一个充满诗意的教师呢？平时"学校—家里—体育馆"三点一线，"吃饭—上课—下课—作业"四位一体，生活简单地重复着，何来诗意？怎样给自己贴好这个标签呢？于是我就去读朱永新的《在教育中诗意栖居》。书中谈到李吉林老师是一位有诗意的教师，她有一颗年轻的心，心中始终燃烧着激情，她对教育怀有深刻的爱，有创造的智慧。对比李老师，我不敢言称"诗意教师"。

后来去明德，同事们也说学校迎来了一位具有诗意的校长。我有诗意吗？我自己也疑惑。一次学校为表现我是"诗意教师"，拍了几张我在课堂上带学生读诗的镜头。如果说诗意就是专门教诗歌，可我也不擅长诗词教学呀！再说，我所能记住的诗词也仅限课本上那么几首了，更甭提写诗了。我只不过曾偶尔填过几首词罢了，可为什么同事都这样看我呢？

迷茫与疑惑，唯有在书中去找答案。既然要体现"诗意"，就必须先走进古诗词中，走进诗人心中。于是我去读《重温最美古诗词》，跟于丹一起寻找诗心、感悟诗情、发现诗意。

陶渊明，东晋末至南朝宋初伟大的诗人、辞赋家。他结庐南山下，开荒南野际，后半生过着田园生活，"暧暧远人村，依依墟里烟。狗吠深巷中，鸡鸣桑树颠。"但书香门第出身的陶渊明毕竟不是稼穑的好手，终日耕种也未必使他过上衣食无忧的小康生活。而在其44岁时的一场灾祸更使他全家一贫如洗。那年夏天，在诗人笔下洋溢着生活气息的"方宅十余亩，草屋八九间"被一场无情的大火烧光了，全家只好寄居在船上，靠亲朋好友的接济过活。但其仍有"采菊东篱下，悠然见南山"的诗意。何也？"诗者，天地之心。"天地万物生长，山川河流巨变，人之命运变迁和人生的细微动静，一起涌入人的心灵，此刻，心里的那种感动就是诗意。

原来，诗意并非就是浪漫，诗意是一种淡泊隽永的心态。正如朱光潜老先生所说："它一半在物，一半在你，在你的手里。"细数自己曾经的日子，似乎也有这样的闲适与诗意：下班站在自家阳台上，看雨起雨落，观云雾缥缈，让一天的忙碌与疲惫化为雨雾，是诗意；仙人球开花了，想到每一个孩子也是一朵花，想到我们应该相信孩子也一样有自己的春天，静待花开，是诗意；就连冬日清晨家里水池边停歇的蝴蝶，也引我遐想——它可否走进小英子的童年，不知是调皮地玩耍之后的落单，还是欲待与雪花试比洁？是忘记了回家的路，还是对冬日暖阳的迷恋？

写到这里，我也豁然开朗了——作为教师，诗意自然也就是用心去寻找、去发现平凡的教育生活中的美。

回顾在明德的时候，清晨，和同事们一起乘校车，在清风中走进优美、处处充满灵气的校园，在一声声"老师，早上好"中穿过明德广场，在琅琅的读书声中开启美好的一天，是诗意；傍晚，在优美的校园乐曲声中，静静地看绿茵场上，孩子们踢足球时的激情飞扬，是诗意；放学时，孩子们把一块小饼干，或是小玩具送到我手上时在我面前绽放天真烂漫的笑容时的那一刻，或运动场上我与孩子们一起赛跑时充满欢声笑语的那一刻，是诗意；开学典礼上，孩子们"叩响知识的大门"，我给他们点上象征开智的"朱砂痣"，发祝福红包，送上成长寄语时，是诗意；毕业典礼上，孩子们双手接过毕业证书时拥抱而泣，我和教师、家长一起牵着他们的手走上红地毯、送他们走出校门时的幸福，是诗意……

诗意，也在与同事们一起学习的过程中。高雅阅读馆里，我们一起读，一起交流，一起分享王维审的《寻找不一样的教育》、李镇西的《教育是心灵的艺术》、吴非的《课堂上究竟发生了什么》等，宁静怡然中但见智慧的飞扬。课堂上，我们师徒结对，老教师带新教师，倾心倾力，零距离地对话，手把手地教，细致入微地指导，新教师也积极地记笔记，气氛活跃、融洽如校园内的桂花一样清香、宜人。明德剧场里，我们一起挥拍、击球，协作、拼搏，看羽毛球、乒乓球如流星飞扬。而昨天整理精准扶贫档案，大家围坐一起按顺序分拣手中的文字材料，当念到有自己那片的名单时，戏称是"阵雨"来了，在笑声中悄然地完成了任务，这不也是诗意吗？期末总结会上，每位汇报者手中那一张张平时工作生活中的照片，那照片中一个个孩子的身影，也是诗意的留存。还有很多教师，在记事册、日记本上或是微信、QQ空间里的几句话，或一段话、一篇文章，字里行间都体现着认真的记录与思考，让那些值得铭记的经历和故事变成人生的永恒，这不也是诗意吗？

原来，诗意就在我心里，诗意就是用一颗纯洁的心，把教育变成生活，让做教师变得如呼吸一般自在。

我的老师

    第34个教师节来临之际，我不由得回想起教过我的那些老师来。印象最深的是崔老师。我读三年级的时候，我们全校的孩子从田镇村小学转到杨垸小学。开学第一天，母亲收完早工给了我一张五元的纸币，我拿上钱就去学校了。给我报名的就是崔老师。我那时胆小，特别怕老师，把钱交给崔老师，就低着头等她给我报名。三年级学杂费共两元五角，她找给我两元五角，一边给钱一边反复叮嘱："把钱装好，千万不要掉了啊！"第一次听到老师这样关心自己，顿时觉得心里好温暖，老师的声音好好听。

    这与我以前所认识的老师真是不大一样。还记得读一年级时的那个冬天，因为下雨，天冷，而且路上全是泥巴，来上学的时候，我的鞋上粘上了厚厚的一圈泥巴，很沉，很沉，每迈一步都要费好大的劲儿。中午放学后，姐姐不让我回家，说带饭给我吃。这样，我们一群小孩子就在学校疯玩。几个大胆的孩子，从学校找来一些破桌椅料，就在教室里烧火取暖。后来，又围着火打闹追赶。追累了，我们又捡起那些木炭，四处乱画。我也没闲着，拿着木炭，在教室外面白白的墙面上，顺着教室一直往前面画。看着那一条线在不断延长，还觉得挺有意思。"你们这些混蛋！"听得一声呵斥，别的孩子都跑了，我还没反应过来，就被老师逮着了。他先是训斥了我一顿，又狠狠地一把摘掉我的帽子（那可是母亲刚给我买的一顶新帽子），然后气冲冲地走了并让我在那罚站。从那以后，我见到他就怕，对所有的老师都怕。

而崔老师很简单的几句话，并没有什么特别，但在我当时看来，却是那样的亲切、那样的温暖。从那以后，我对崔老师心里多了一分喜欢、多了一分亲近。崔老师就像仙女一样，我们全班孩子都被她迷住了，都喜欢上她的课，喜欢她给我们读书，喜欢她给我们讲故事，喜欢她带我们做游戏。她安排我们做什么，我们都觉得是开心的。可惜好景不长，学期中她就被调走了，听说是去了武穴。同学们伤心了好久，每天在一起就是讨论着武穴有多远，我们要怎样才能找到她。回到家里，我也经常问母亲怎么才能去武穴。从那以后，我再也没有见过崔老师，但她甜美亲切的声音、清秀和蔼的面容，特别是那一条乌黑美丽的长辫子，却永远地留在我的记忆里了。

给我印象第二深的老师就是田在中老师了。五年级时，田镇成立了中心小学，学生大部分是来自当时街道小学的学生和来自农村的优秀学生。我作为农村的优秀学生，也被选到这个学校读书。担任我们班班主任兼语文老师的就是田在中老师。有一次，学校组织我们到李时珍陵园参观，回来后田老师让我们写篇作文。不久，田老师讲评作文时，在全班念了我写的《游李时珍陵园》，不仅对我这篇文章大力褒奖，而且还说我以后作文可以想怎么写就怎么写。那一刻，我觉得自己是全班最耀眼的明星，一扫我在班中作为农村孩子的自卑，内心充满了一种从未有过的自豪与激动。从那以后，我喜欢上了田老师的语文课，喜欢上了看书、朗诵和写作。课后我就去找书看，没有书，我就去捡破烂，卖了钱去买书。那时候没有什么读物，我就买《小学生作文》《儿童文学》《作文选》等。田老师也经常鼓励我，学校的朗诵比赛、作文比赛、知识竞赛都让我参加，甚至还把我送到学校田径队。当然，我的体育是很差的，没过多久，我就被田径队退回来了。

我喜欢上田老师语文课的原因，还有他治学的严谨。无论是课堂板书，还是作业上的批语，永远都是一笔一画，极为工整。还记得语文《穷人》一课练习册当中有一道写近义词的题，其中出现了一个词"顾小怜"，这个词我们都没见过，课文里也没出现过，因此大家都一头雾水。田老师也不急，一边让我们停下笔来，一边慢慢地讲着："这个题，我昨晚就见过，当时也和你们一样傻眼，问了同事也不知道。于是，我就仔细琢磨，'怜'和'惜'字从字形上看相似，极有可能是印刷工人排版时排错了，根据课文理解，这个词应是'顾惜'。"一个词错了，老师竟然还能分析出这么多道理，更让我对老师心生许多崇敬，也让我对词语，对语文的学习多了一份兴趣。

田老师不仅激发了我们学语文的兴趣，还注重对我们进行品德教育。他善于以身示范、树立榜样。学校厕所是我们班负责的卫生区，那时的厕所就是在地中间挖一个大坑，然后两边砌上一些蹲坑，臭味极其难闻。男厕所里有一个小便池，由一条小沟与大坑相连，那沟经常堵塞。所以扫厕所最重要的工作就是疏通那条沟。第一次，我们扫，只把地面扫干净，那条沟疏通不了，就放一边不管了。田老师来检查后，对我们说："我们做任何事都不能敷衍了事，要做就要做好。"说完，他蹲在那条沟边，挽起袖子赤手伸到沟里，将那些不知沉积了多久的污物一点点掏出。别说是掏，我们就是在那里面多待一会儿都觉得受不了，可田老师却不怕臭、不怕脏。那一刻，田老师的形象瞬间在我们每个男生的心中高大起来。老师的行动，给了我们无声的示范。第二周扫厕所时，我们班有一位男生也学着田老师的样子赤手清沟，田老师在班会上给予他大力的表扬。我们无比羡慕，后来每次清沟，我们班的那些男生都抢着去做，生怕丢了这样一次受表扬的机会。男生如此，女生也不例外。有一次，我们班组织劳动，要到离学校很远的一处学农基地施肥。我们两人一组抬粪，有一组是两个女生，她们抬的粪桶半路上不小心粪洒了一地，但她们没有犹豫，竟然用手一捧一捧地将粪肥捧起来。

一时间，同学之间互相帮助，争相做好人好事不留名。田老师的一言一行，我们都记在心里。有一次田老师生病住院，我们得知后，全班同学自发凑钱买了些罐头、红糖，由班干部带去探望他。那时没有车，来回走了一二十公里路，他们也觉得特别幸福，因为那时我们每个人都想去，能去探望田老师就是一种殊荣。

岁月如梭，如今我也从教30年了。我不知道，走上教育岗位，是不是因为他们。但每每面对工作或生活，特别是学生，我总想着要像崔老师一样做有温度的教师，总想着要像田老师一样做孩子的榜样。我要像他们一样珍惜生命中的每一次相遇、每一个普通的日子，坚定地守护属于教师的简单而宁静的幸福。

最是那一声声"老师好"

在明德的日子里，最是那一声声"老师好"，让人倍感幸福与温馨。走进校园，无论走到哪儿，都有这样的问好声。

武穴市"小学数学优质课"选拔赛在明德举行时，孩子们的那一声声问好，更让参会的二百多位教师连声称赞。武穴教科院柯主任由此即兴撰文说："单是学生们在校园内的文明礼仪，就足以让我难忘了。置身校园的任何一个地方，迎面走来的任何一名学生都会向你弯腰鞠躬，用清脆的声音喊一声'老师，您好！'在学生眼里，老师是神圣的，而明德的学生给人留下印象最深刻的是他们弯腰鞠躬时的谦恭，还有他们在受到老师表扬时说'谢谢老师'时的真诚。正是这种谦恭和真诚让我感受到德育的光芒已经照耀到了明德校园内的每一个角落。"来明德参观的省、市、县各级领导有很多，他们这样赞叹；来明德的客人很多很多，他们也这样称赞；明德学校周边的村民也这样说。

孩子的问好，温暖了别人，更温暖了他们自己。他们不仅从那一声声问好中，学会了礼貌，更重要的是他们在那一声声、一次次的问候中变得大方、阳光、自信了。他们是乡村孩子，却没有想说却又不敢说，或者声音很小的羞涩；也没有课堂上你看着我，我看着你，那样的拘谨。他们无论是在课堂上，还是在校园里都能自然、自信地展示自己。

武穴市举行"小学数学优质课"选拔赛，两天18节课的展示、18位老师的精湛教学让人眼亮，18个班的孩子在课堂上的精彩表现更让所有听课老师由衷点赞。而我们18个班，从一年级到六年级，无论是哪个班的学生，课堂上都能认真思考，更能积极举手发言，表达自己的想法，师生互动默契，精彩不断。

由武穴市检察院、武穴市教育局、共青团武穴市委联合组织的"法治进校园"活动走进明德，孩子们在检察院工作人员的引领下，热情高涨，一个个把手举得高高的，踊跃回答问题"我知道！""我知道！""我要回答！"并积极地互动。

实验二小的蔡老师在我们学校讲完《彩色的梦》一课后，说："在明德上课，就像是在我自己的学校、在自己的班级给自己的孩子上课一样。这一节课也让我看到了明德有一群优秀的教师，他们正在明德孩子的心中编织着一个个彩色的梦！"

一声问好，很平常。当我们把每一件小事做好，就会让我们的周围变得明亮起来，就会让我们生活在一个温暖的世界中。

若无闲事挂心头，便是人间好时节

昨天，终于顺利完成了《月光曲》的录课。完成视频剪辑、刻录，资料的整理，把这些交给快递寄给组委会后，心里的那一块石头终于落地了。此时，才发现无论是妻子亲手包的粽子，还是儿子寄来的粽子，都是那样香；才发现同事一起吃吃西瓜、喝喝啤酒，看看世界杯，是那么惬意；才发现，大家一起练唱的《青春舞曲》，是那样有趣。最重要的是，真正地感受到"若无闲事挂心头，便是人间好时节"。

一个多月来，脑子里除了主题学习，还是主题学习。办公桌上、床头、茶几上摞起的都是相关的书。从杂志、网站、公众号里发现语文主题学习课堂的核心、熟悉教学模式。远赴南昌参加语文主题学习专题研讨会，感受语文主题学习课堂的氛围，试图发现其课堂教学的密码。和我们的课题组一起参与武穴市"语文主题学习"教学设计比赛，学习对单元设计的整体把握，以及不同课型间如何做到"一线串珠"，如何做到"一课一得"。

而这中间，最难的便是选课。首先考虑从自己熟悉的那些课入手，如《草船借箭》《詹天佑》。因为文本的原因，再加上自己原来的那种教学模式，已经成型，总觉得哪块都舍不下，可又想将主题学习的教学框架套上。几次尝试，想两头兼顾，却发现一头都没有顾到。直至"六一"之后，才最终把课题定为《月光曲》，可此时，离组委会定的最后期限只剩20天了。

这20天的磨课，于我而言，是学习、是尝试。想到20年前参加黄冈市青年教师讲课比赛。那时初出茅庐，教学经验也不足，反正专家怎么研讨，怎么定，我就怎么上。就算上不好，也没什么大不了，毕竟我只是只菜鸟，谁也不认识我。可20年后，自己的教学风格已定型，怎么将自己的教学风格与语文主题学习较好地融合，于我而言更是一种煎熬。一次次地试讲，似乎总找不到感觉，甚至心里想放弃。到这个年龄了，还值得这样吗？领导的信任与期待，不容辜负；同事的支持，也不容辜负。一路走来，也幸有他们的陪伴。特别是我们这个专题研讨组，十余次地研讨教学设计，一个环节一个环节地制订；十余次的课堂试讲，一个细节一个细节地雕琢。学校团队，当我们设备出问题时，积极地想办法。他们是那样的无私、那样的真心、那样的富有智慧，让我有了坚持的力量，让我看到了希望。虽然后期还有一个漫长的过程，还有一个等待的过程，但这一路的经历，已足以让我感受六月的激情与美好。

静静而思，每个人的一生不都是在不断"磨课"中成长起来的吗？磨过之后，才会发现所有的疲惫都是值得的；磨过之后，才会发现人间最好的时节是无闲事。而拥有无闲事的从容与淡定，才会为我们今后的"磨课"，提供前行的力量，让我们坚定地向前。

心平如镜湖，物来能相照

近日探望一位老朋友，说起现在的生活，他说跟以往相比有三多，即睡觉时间多了，在家的时间多了，运动的时间多了。想起以前的他，在外多，酒醉多，晚回家多。而现在似乎变了一个人，是什么原因呢？是因为换了居住环境吗？

他家在湖边，环境的确是幽静。到处绿树环绕，花香四溢，让人仿佛置身于一座大花园之中。坐在他家的阳台上远远望去，夕阳将它的余晖洒在静静的湖面上，微波粼粼，静谧幽远。

长久地置身于这样的环境之中，心或许能暂得一丝宁静。但同样的环境，是否每个人都会求得一丝宁静呢？

周末，我喜欢一个人待在家里，一个人在家，家里也是安静的，但心是否就是安静的呢？

似乎并没有"相看两不厌，只有敬亭山"的静谧，也没有"独坐幽篁里，弹琴复长啸"的怡然。我常常是打开电视，去追几集电视剧。可又觉得大好的光阴在看电视中度过，有些对不住自己。于是关掉电视，又捧起一本书，翻看起来。读了几页之后，听得手机"滴答"一声，便赶紧丢下书，打开手机，生怕漏掉了什么消息。若发现这消息不能引起我什么兴趣，便会顺便去朋友圈里走一遭，看还有哪些能吸引自己眼球的。若没有，再去打开浏览器，看看有哪些新鲜事。如此这般，书倒是看了几页，但又看到了什么呢？这样，一上午的时光就被手机占用了，就在控制遥控器时被遥控器控制了。一上午，在一种无声的寂寞中，不知道自己该做些什么。

于是想到那些寺庙里的和尚，他们又是如何使自己静下心来的呢？是环境？是身处大山之中，远离尘世，因而能静？似乎也不全是，现在的寺庙哪个不是香客云云、游客纷至？那里不也到处充斥着游客拍照的光影、祈福的鞭炮声、游人的欢笑声？论环境，应不如朋友的居室静，也不及我家静。若不是环境，那又是什么，是打坐？

打坐或许也能静。还记得曾到九华山，因为好友与寺院较熟，因而晚上有幸在寺院一住。早晨起来，寺院里钟声袅袅，僧人一个个坐于蒲团之上，跟随着有节奏的木鱼声，一齐诵经。那声音悠扬而具穿透力，再加上香炉里的檀香浸染整个寺院，置身于此，心中顿觉空灵而静谧。此时的宁静于我而言是一种不可多得的意境。但那些僧人之心又何如呢？是否一直能保持内心的那份宁静呢？应该也不尽然。若论打坐，神秀打坐之功无疑应高于成天劈柴舂米的六祖慧能，但慧能却领会佛法之精髓，接过了五祖之衣钵。所以，打坐只不过是一种形式，真正的静应当在心中。

心静是心灵深处的恬淡、静怡、自在，心灵的平静更是一种不思声色、不思成败、不思过失、不思烦恼的超然境界。杨绛说："内心的平静是人生最美的风景。"因为心静，王阳明能在被贬到龙场时不悲观失望，从而悟得心学之法；因为心静，王维能"行到水穷处，坐看云起时"；因为心静，陶渊明能"结庐在人境，而无车马喧"。

"心静则安，心安则祥。"这一浅显的道理，谁都清楚，但又往往难以实现。现代社会，生活节奏的加快，个体意识的增强，人的欲望不断增加，"一波才动万波随"，迷乱也随之而增加。人们往往会迷失自己，不知自己身在何处。人最大的敌人是自己。精神无法皈依，才会寄托于物质，才会将名利、金钱、位子、房子等看得更重。"既自以心为形役"，外在的纷扰让自己远离了真实的自我，无法控制自己的思维，反倒成为思维的奴隶。所以，当我们在感到忙乱之时，就要让自己静一下，不要走得太远，而忘记为什么出发。

只有风平浪静的湖面才能映照出蓝天白云，而当我们投下一颗石子之时，蓝天白云又会扭曲。心也如湖。如能像王阳明一样"觉纷扰则静坐，觉懒看书则且看书"，在阅历和修养中慢慢历练成心静如水的境界，自然也会求得心平如镜湖，物来能相照。

归零心态

新的学期又将开始了。此时，一个人静静地望着窗外的雨，不由得想起了校长在期末总结会上说到的"归零心态"。什么是"归零心态"呢？归零心态就是空杯、谦虚的心态，就是重新开始。如同一个杯子有些浑水，不管加多少纯净水，仍然浑浊；但若是一个空杯，不论倒入多少清水，它始终清澈如一。保持"空杯心态"的唯一的方法就是把杯子里原来的水倒掉。

静下心来思考，人生何尝不是如此？人也要时常保持一种"空杯心态"。在此之前，你可能有过很高的地位，可能拥有很多的财富，具有渊博的知识，也可能获得过很多的成就。你只有不断删除那些过时的知识和经验，才能不断接受新的东西，否则，你的大脑和心灵就会被一些无用的垃圾塞满而死机。许多失利者，并不是被对手挤垮的，而是被自己的成功冲昏了头脑，以致败下阵来的。人生没有永久的辉煌，"月盈则亏，水满则溢"。

"非淡泊无以明志，非宁静无以致远。"淡泊、宁静，即是将心态归零，保持空杯心态，不让过往的阴云或荣耀牵绊你的脚步。要像曾子一样不断地"三省吾身"，从非理性的高处降下；要像唐太宗一样不断"三镜自照"，不断矫正人生的航向，从新的角度和立场思考"做事"和"做人"；要像计算器一样不断将数字归零，重新去运行最新的运算程序。甩掉成功的包袱，才能获得更大的成功。

"空杯心态"就是不断清洗自己的大脑和心灵。夜阑人静时，不开灯，点亮两根长长的蜡烛，烛光摇曳，任自己迷失于光与影之间。播一张光碟，放上一段轻音乐，这时你就能卸下沉重的面具，拆去心园的栅栏。你可以回望身后的坎坷与泥泞，细细咀嚼昔日走过的岁月，或者什么都不想，给那超载的心，留有一份空白，这样你的心泉便会豁然翻涌……

"空杯心态"就是不断学习，与时俱进。21世纪是一个学习型社会，信息流量急剧膨胀，知识更新速度加快，仅仅满足于"清水"的人很快就会被疾风暴雨吹打得凋零。为了生存、发展，就必须让自己时时处于"归零"的状态，去溶解更多的"物质"。所以要活到老，学到老！

归零的心态就是一切从头再来，沉淀再沉淀，倒空再倒空，这样就会有一个新的发现，就会上升到一个新的层次，一个新的境界，然后才会有一种新的执念，才会有思考，才会有创新，思想也才会从中得以升华。

忘记过去吧，留个"空杯"给明天……

第二篇

寻求友善的课堂

2

大"√"与小"×"

于永正老师上《祖父的园子》一课时，有这样一个细节。他让三位学生在黑板上写"帽""抛"两个字，前面两位学生写对了。第三名学生"帽"字写错了，于老师很遗憾地告诉这位同学这个字写错了，并在错字下面打了一个小小的"×"。班里的学生看到笑了。于老师连忙说："不要笑——笑话写错的同学是不应该的。"学生静下来后，于老师和蔼地接着说："你看于老师的'×'号写得很小很小，'√'号写得很大很大，为什么要笑话人家，谁不犯错误啊。"

一个小小的细节，体现出了于老师对学生的尊重、宽容与关爱，体现出了他的教育智慧。这样如甘草般的温和和善解人意，在他的教育生活中处处都是。学生吵架了，他会心平气和地告诉孩子要有肚量。他不会当法官，他认为这是孩子两人之间的事。如果双方打起来了，他就让孩子免战三天。这样不到三天，孩子便和好如初了。学生迟到了，他从不批评，甚至怀有敬意，因为他始终忘不了自己读小学时，有一次迟到了，久久不敢进教室的门。

于老师正是因为心中有孩子，所以也赢得了孩子的尊重与喜爱。其实世界上所有的事情都是一样的道理，你对别人怎样，别人就会对你怎样；你怎样看待生活，生活就会给予你怎样的回报。

因此在明德，无论什么时候，面对孩子，不管是一个，还是一群，我都

——回应"你好"，或者"你们好"。只要孩子在我身边，我都会轻轻抚摸他的头；若在我身后，我会转过身去回应他们，有时也会和孩子们握个手，或者拥抱一下。孩子的每一声问好，如泉水一样澄清、透明，如天使一般美丽。看到他们，心也顿觉宁静，也自然而然地微笑着、大声地回应他们。

有回声，就有了光。珍惜每个生命的声音，这回声就会永远地环绕在明德校园。这回声温暖了别人，也温暖了自己。

可在面对教师时，我却常常不能像对孩子一样了。学校年轻教师多，每次去听他们的课，我对他们在教材把握、教法运用、多媒体运用、学生评价鼓励等方面的问题上关注的较多。我多是以自己的经验去看待他们的课堂，去告诉他们应该如何如何去教，应该如何如何去鼓励孩子。眼里看到的"×"比"√"大、多是问题，忘记了他们是刚刚走上讲台，忘记了他们在教学上是正在摸索的新兵。我是在将他们与自己作对比，是以己度人，是站在自己的角度而不是他们的角度去思考问题。

回想起自己，刚走上讲台那年。有一次，曹校长悄悄地拿着听课本坐在教室的后面听我讲课。那节课是教学《避雨》，课文主要描写了作者去雨山公社时遇到下雨，在避雨时认识了一位年轻的女公社气象员的故事。文中赞扬了这位女气象员对工作的认真和她的敬业精神。而我当时正带着学生学习文中描写那位女青年外貌的段落。课后，曹校长笑着对我说，课上得比较老练。现在回想起那节课，应该远远谈不上老练的。如果当时曹校长以他自己的教学经验去听我的课，或者说以我现在的标准去评价我的课，去跟我说如何如何去上，那现在我的课会上到什么程度呢？这个问题是没有答案的，但曹校长当时评价我的课无疑是"√"比"×"大，而从那以后，自己也觉得自己上课是有那么一点点老练了，自信了。也开始不断地在每节课去尝试着用不同的方法，思考着怎么让课上得更有意思、更有味道。

写到这里，我想起了苏轼与佛印的故事。苏轼与佛印是好朋友，两人经常一起品酒论诗。一天，两人在一起打坐。苏轼问："你看我像什么啊？"佛印说："我看你像尊佛"。苏轼听后大笑，对佛印说："你知道我看你坐在那儿像什么？就活像一摊牛粪。"这一次，佛印吃了哑巴亏。

苏轼回家就在苏小妹面前炫耀这件事。苏小妹冷笑一下对哥哥说，"就你这个悟性还参禅呢，你知道参禅的人最讲究的是什么？是见心见性。你心中有，眼中就有。佛印说看你像尊佛，那说明他心中有尊佛；你说佛印像牛粪，想想你心里有什么吧！"

　　是的，心中有，眼中就有。我们每个人都会犯错，但如果能将心比心，推己及人，尊重、包容每一个人，放大他们的优点和长处，缩小他们的缺点与不足，那么，回报他们的也必将是更多的美好与幸福。

跟飞卫学教语文

小学语文教材里有《纪昌学射》这样一个故事：

飞卫是一名射箭能手。有个叫纪昌的人，想学习射箭，就去向飞卫请教。飞卫对纪昌说："你要想学会射箭，首先应该下功夫练眼力。眼睛要牢牢地盯住一个目标，不能一眨一眨！"纪昌回家之后，就开始练习起来。妻子织布的时候，他躺在织布机下面，睁大眼睛，注视着梭子来回穿梭。两年以后，纪昌的本领练得相当到家了——就是有人用针刺他的眼皮，他的眼睛也不会眨一下。纪昌对自己的成绩感到很满意，以为学得差不多了，就再次去拜见飞卫。飞卫对他说："你虽然已经取得了不小的成绩，但你的眼力还不够。等到练得能够把极小的东西看成一件很大东西的时候，你再来见我吧！"纪昌记住了飞卫的话。回到家里，又开始练习起来。他用一根长头发，绑住一只虱子，把它吊在窗口。然后每天站在虱子旁边，聚精会神地盯着它。那只小虱子，在纪昌的眼里一天天大起来，练到后来，大得竟然像车轮一样。取得了这样大的进步，飞卫开始教他怎样开弓、怎样放箭。后来，纪昌成了百发百中的射箭能手。

纪昌能成为射箭能手，离不开飞卫的善教。飞卫教射箭，注重的是打好基础。由此联系其与语文学习相通的若干道理，并在受其启发和思考中领悟语文教学的真谛如下：

心里有数。飞卫教射箭心里有数，不是从教开弓、放箭开始，而是先让纪昌下功夫练眼力，先练到"眼都不眨一下"，再是"把极小的东西看得极大"，练的是射箭的基本功。

语文学习的根本是什么呢？《语文课程标准》（以下简称《课标》）里讲道："语文课程应特别关注汉语言文字的特点对学生识字、阅读、写作、口语交际和思维发展等方面的影响。"而现在的语文教学中不适当的拔高、拓展，超越了学生的认知规律。教师过度的分析和讲解，挤压了语文学习，使语文教学成了一种"碎片式"的教学，使学生的书写、朗读、背诵以及表达能力与《课标》相去甚远。张庆老师说："识（字）、写（字）、读（书）、背（诵）、说（话）、作（文）、习（惯）是小学语文的七大教学目标。其中最重要的是写字、读书、作文和培养良好的学习习惯。小学毕业生能把字写工整、书读流畅、文章写通顺，并养成读写的习惯就可以了。"

山东寿光的孙海燕老师在上二年级写字课《木字旁》时，先创设了一个春意盎然、花果飘香的情境，让学生找出这些木字旁的字，然后以闯关的形式，让学生慢慢找出"木"字在上、下、左、右以及里边时的部首变化，最后总结"木"字旁的变化规律，并编写了儿歌："写字并不难，读帖勤练积经验。木做偏旁在上边，竖短撇捺要舒展；木做偏旁在下边，小小脑袋向上探，横长撇捺略舒展；木做偏旁在左边，横短竖长捺变点；木做偏旁在里边，身体缩小捺变点。认真观察刻苦练，掌握规律是关键。"找出规律后，孙老师在黑板上示范，一笔一画非常工整、端正、秀丽。学生书写时，孙老师让学生做好写字姿势然后才动笔，因此，学生的书写也非常规整、漂亮。

一个真正的语文老师，应该是一位"明师"，心里得"有数"，得"清"，得"明"。要对语文有数，对教材有数，对学生有数；要在钻研教材上下功夫，在朗读上下功夫，在写字上下功夫，在练习上下功夫。这样才能保证语文教学的有效性，才会在备课上做到有的放矢，准确地把握每个单元、每篇课文的教学目标、重难点，呈现"书声琅琅""议论纷纷"，做到"高潮迭起，写写练练"（全国特级教师孙双金所言）。

循序渐进。纪昌练眼力从练了两年时间的"不眨眼睛"；到又练3年之后，"那头发上绑住的小虱子在他眼里就大得像车轮一般了"；最后才开始练习开弓、放箭，成为百发百中的神箭手。这遵循了学习任何技能要循序渐进的原则，语文教学亦是如此。每个单元有单元训练点，教学内容前后之间有联系，新旧知识、课内知识与课外知识也有联系，这些无不要求循序渐进。同时学生的心理发展具有阶段性，只有循序渐进才能更好地促进学生学习。如写字，不同学段的目标与要求是不一样的。第一学段是努力养成良好的写字习惯，姿势正确，书写规范、端正、整洁。第二学段是使用硬笔熟练地书写正楷字，做到规范、整洁，用毛笔临摹正楷字帖。两个学段之间共同点是要求"规范""整洁"。不同的是第二学段在第一学段的基础上增加了"硬笔""正楷""熟练"这些要求，同时还有"毛笔临摹"的要求。

大道至简。飞卫让纪昌练眼力，如何练、步骤是什么，动作要领有哪些，他都没有讲。纪昌练了5年之后才练成好眼力要达到的目标。"大道至简"，简单就是真理，就是根本。《课标》指出："应该让学生多读、多写，日积月累，在大量的语文实践中体会、把握、运用语文的规律。"于永正老师也提出"简简单单教语文，扎扎实实求发展"的主张。对语文教学的启示是：教学目标要简约，目标不能太多、太杂，一课一得就不得了；教学程序和教学方法要简明。因此，我们教师要按照语文教学的规律，减少烦琐的讲解和分析，将课堂还给学生；扩大阅读量，带学生畅游书海。"少做题、多读书、好读书、读好书、读整本书"，就能将学习回归本真，就能使每名学生如纪昌一样学有所成，有好的语文素养。

构建友善的语文课堂

当今社会，互联网、人工智能等科技的飞速发展，也给教育发展带来了冲击。那么我们的学校、我们的课堂应该教给孩子什么呢？

最近有幸走进中关村二小，聆听了两节低年级语文课：杨老师执教的《大小多少》，张老师执教的《田家四季》。两位虽然老师都很年轻，如杨老师入职才一年多，且她们对教材的把握、对课堂的驾驭也不是那样完美，但她们的课堂却给我们听课老师带来了很多启示。

一、合理设计教学目标，让学生易学

《语文课程标准》指出：语文课程应激发和培育学生热爱祖国语言文字的思想情感，使他们具有适应实际需要的识字写字能力、阅读能力、口语交际能力、写作能力，正确地理解和运用祖国语言文字的能力。

如《田家四季》一课，张老师引导学生读课文时，依次安排了初读课文学字词，再读课文读通顺，熟读课文，有感情和配乐读课文，将课文以填空的方式半背诵以及完全背诵等方式。《大小多少》一课，杨老师在教学"牛""鸟""猫""鸭"等字时，依次安排了看图片认读、带拼音读、去拼音读、出示卡片读和小老师点名读等方式。

整节课的教学，两位教师都充分考虑到低年级学生的年龄特点和认知水平，体现了教学的层次性和递进性。如《大小多少》一课，学习"大小"，杨老师先是根据课文内容，出示"一头黄牛与一只猫"的图片让学生直观比较大小。然后，将猫的图片去掉，换上别的动物让学生比较大小，再把牛的图片去掉，把猫的图片跟"大"字放一起，让学生说另外一个"小"的动物。接着，把"牛"与"猫"的图片都去掉，让学生自己补充相应的动物。"大小多少"都学完之后，教师又把课文改成填空题，让学生自己编儿歌。形式如下：

一个大，一个小，一（   ）一（   ）。一边多，一边少，一（   ）一（   ）。一个大，一个小，一（   ）一（   ）。一边多，一边少，一（   ）一（   ）。

这样通过多种形式的训练，有层次地推进，学生就很容易学习了。

字的学习，同样也考虑低年级学生的特点和《课标》要求去引导学生学习。如教授"鸟"字，教师先引导学生观察字形，将"鸟"字相应的笔画与鸟的头部、翅膀、肚子、脚、眼睛等部位对应，帮助学生直观认记。然后再出示"鸟"字的笔顺动画演示，让学生跟着梳理。最后再让学生拿出描红本，描一个写两个，同时强调写字姿势。这样的教学设计，对教学目标的把握既准确又合理，更重要的是遵循了学生认知发展的规律，激发了学生的学习兴趣，又让学生学得很轻松。

二、突出学生的主体性，让学生善学

"学生是学习和发展的主体。充分发挥学生的主体性，是开展一切教育教学活动的前提与基础。"两位教师采用了不同的方式，让学生主动参与到学习中。

张老师开始讲课时分别创设了"快乐农庄""田家四季风景"等情境，从学生熟悉的、喜欢的情境引入，激发学生的学习兴趣。张老师十分注意引导学生主动参与到学习中，而不是老师一个字一个字地教和灌输。如认"季"字，先让学生分小组学习，然后让学生从字音、组词、字形、笔顺等方面汇报。汇报过程中让其他同学认真听，并评价他的汇报怎么样。然后再请学生当小老师，从读字音、写笔顺、品字形等方面带着大家一起学。学生写"季"字后，让学生比一比、评一评，看同桌写的字能得几颗星；改一改，看谁写的有进步等。这样的学习贯穿整节课。听人讲百遍，不如自己亲身练一遍。学生在小组合作、汇报中，学会观察、发现、质疑、学习。既学到了学习方法，又很好地促进了思维的发展和能力的提升。

三、注重学习习惯的培养，助学生向善

叶圣陶先生说："教育就是培养习惯。"低年级的语文教学就是要让学生"喜欢识字，有主动识字的愿望，写字姿势正确，字写得规范、端正、整洁，努力养成良好的写字习惯"。

这两节课，每次学生写字时，两位教师都特别强调写字姿势，她们都以一段写字口诀加以提醒。如张老师采用"老师说上句学生接下句"的方式提醒坐姿：头（正）、身（直）、肩（平）、臂（开）、足（安）；等学生坐好之后以同样的方式强调写姿：胸离桌子（一拳），手离笔尖（一寸），眼离本子（一尺）。一年级学生由于年龄小，杨老师除了给予以上要求之外，还强调了握笔姿势，如大拇指（捏）、中指（勾）、无名指（顶）、小指（靠）。同样，学生读书的时候，杨老师也要求学生，身子坐（正），眼离书（一尺），两手端（书），读完后，书平放（桌上），眼睛看着（黑板）。准备上课时，杨老师也提醒学生注意学习用具的摆放等。

这样"大处着眼，小处着手"，在一举一动、一言一行中不断强化，持之以恒地渗透，久而久之，学生良好的写字习惯就自然形成了。我们常常看到一些学生写字笔画不对，字写得不好看，总写错，甚至磨蹭、拖拉等，这就是写字的姿势不端正，没有养成良好的习惯。小学生学习姿势端正与否，不仅会影响学习，而且会影响身体的正常发育。而良好的学习习惯一旦养成，就会带动其他好习惯的养成，成为让他们一生受用的宝贵财富。

面对新的环境，我们更应认清未来的变化，转变自己的角色、转变教学方式，因此就从当下的课堂开始转变吧。

精抓"五处"让语文出彩

崔峦先生说："我们欣赏并提倡简简单单教语文，扎扎实实求发展，回归常态的语文教学。"如何简简单单教语文？就是要抓住思想内容与表达的结合点，抓住以下所讲的"五处"，精选学习内容，找准切入点，充分调动学生的情感、思维，促进学生自己对所构建知识的理解。

一、紧扣"文眼"处，精引出彩

文章中最能显示作者写作意图的词语或句子叫"文眼"。"文眼"是文章的灵魂，是帮助我们厘清全文脉络的筋节，是帮助我们掌握文章各部分相互关系的关键。抓住"文眼"组织教学，可收到事半功倍的效果。

如《钓鱼的启示》一文，"依依不舍"这个词是全文的"文眼"，因此，教学时可以以此展开：

师：初步学习了这篇课文后，谁知道课文说了一件什么事？

生：在鲈鱼捕捞开放日前的一天夜里，父亲钓到一条大鲈鱼，却坚持要把鲈鱼放了。

师：同学们，"我"愿意把这条鲈鱼放回去吗？从哪个词可以看出来？

生："依依不舍"（生齐读这个词）。

师：这种依依不舍，还表现在哪些句中？画出来（让生找出来读读）。

（1）"为什么"（生急切读）。

（2）"我大声争辩。"

师：一句句、一声声都含难舍之情。"我"为什么这样不舍？"我"的不舍从哪儿可以找到？

生1：鱼大、漂亮。（要求生读出情喜、自豪、得意，三名学生齐读）

师：难怪不舍，但纵有百般理由，却不得不舍，而且不得不舍还只有一个原因，是什么？（父亲一定要放了，因为没到捕捞开放日）

这样学生从"舍"与"不舍"之间，体会到了父亲为什么要坚持放掉鱼。"我"在"舍"与"得"之间，舍掉了鱼，却维护了道德感；而学生在"舍"与"得"的理解中，也理解了文本，升华了情感。本篇教学抓住一个"依依不舍"起到了"牵一发而动全身"的效果，使课堂出彩。

二、挖掘平淡处，想象出彩

一段看似平淡无奇的文字，如果仔细挖掘，让学生展开想象，会收到意想不到的效果。如《伯牙绝弦》一文中说"伯牙善鼓琴"，可文中只有"峨峨兮若泰山""洋洋兮若江河"的描述。教学案例如下：

师："伯牙善鼓琴。"除了书中所提到的"峨峨兮若泰山""洋洋兮若江河"，想象一下，他的琴声还会表现出什么呢？假如你是子期，你能听到什么呢？

生1：听到了清风徐徐的景象。

生2：听到了鸟语花香的景象。

生3：看到了秋风习习、秋叶满地的景象。

生4：看到了冬天雪花纷飞、白雪皑皑的景象。

……

师：是啊，当伯牙鼓琴，志在清风……

生：善哉，徐徐兮若清风。

师：当伯牙鼓琴志在杨柳……

生：善哉，依依兮若杨柳。

师：当伯牙鼓琴志在春雨……

生：善哉，绵绵兮若春雨。

师：好一个善听的子期，凡伯牙所念，钟子期必得之。子期成了伯牙的……

生：知音。

……

这一幅幅美丽的画面，将课堂引向高潮，使教学更丰富生动；这一幅幅美丽的画面，是从平淡的文字中引发，是与学生的生活相关联的，是在学生脑海中描绘的。通过这样的想象，孩子们充分理解了"伯牙善鼓琴"，也理解了"钟子期善听"，更明白了"知音难觅"。

三、着眼反复处，化简出彩

反复是指作者在写文章时，为强调某种感情，而有意让某个词或句子一再重复出现。如《难忘的一课》中"我是中国人，我爱中国"一句在文章各段中反复出现，但每一次反复所表达的意思又各不相同。第一次是老师一笔一画地写在黑板上的学习内容；第二次是"我"和孩子们一起，一遍又一遍大声朗读的内容；第三次则是作者激动地重复的话，表达了作者爱祖国的全部感情。根据课文的这一特点，教学时，可直奔课题，让学生回答，这一课学的是什么？"我是中国人，我爱中国"这句话在文中出现了三次，每一次出现都伴随着一段故事情节，它们都有什么不同？然后让学生默读课文，找出有关这些故事情节的重点句段，说说这些故事情节的主要内容。围绕这一问题组织教学，教学就会变得简单而有效。"我是中国人，我爱中国"一次次地出现把学生的视点引向作者的情感生长点，把学生的视线引向作者的情感变化线。有了这个环节的铺垫，既将课文中的情感推向高潮，也使教学从中出彩。学生在"我是中国人，我爱中国"的几次反复中明白了台湾人民在台湾光复后的激动之情，也明白了为什么这是难忘的一课。

四、突出矛盾处，品味出彩

矛盾是指文本中两事物表面上看起来是不一致的，但实际上却又是统一的。着眼于这里，也会收到较好的效果。如《穷人》中有这样一段描写："她的心跳得很厉害，自己也不知道为什么要这样做，但是觉得非这样做不可。"

桑娜探望西蒙，意外地发现西蒙已经病故，留下两个年幼的孩子——一个还不会说话，另一个刚会爬。面对西蒙的悲惨遭遇，桑娜本能地把两个孤儿抱回了自己的家。"不知道为什么要这样做"与"但是觉得非这样做不可"看似矛盾，实际上反映了桑娜同情穷人、关心穷人的善良品质。

师：通过刚才学习，桑娜给你留下了什么印象？（学生读课文语句并谈体会。）

生：桑娜很善良（板书：善良）。

生：她看到西蒙死了，就伸出援助之手，把孩子抱回家。

生：桑娜是一个热心肠的人。

师：你从哪句话体会到的。

生："她的心跳得很厉害，自己也不知道为什么要这样做，但她觉得非这样做不可。"这一句说明她根本就没细想，就做了这件事。

师：体会得真好。她不知道为什么这样做，是没有去想，那么她没有想到什么呢？

生：她没有想，家里多了两张嘴，吃饭更困难。

生：她没有想，把人家的孩子抱回家，自己的孩子会更苦。

生：她没有想，家里七口人如今变成九口人，丈夫会更苦。

生：她没有想，这样她自己会更苦。

……

师：同学们，"非这样做不可"是什么意思？为什么"非这样做不可"？

生：不这样做，孩子会冻死，会饿死。

生：不这样做，桑娜会觉得对不住自己的良心，对不起西蒙。

……

师：就是因为桑娜善良，她才会毫不犹豫地把死去的西蒙的两个孩子抱回家。谁愿意把体现出桑娜的善良的这句话读给大家听听？

（学生练读，试读，齐读。）

简单的文字将矛盾清晰地表现出来，而教学中通过对矛盾的深入剖析，激活了文字，更激发了学生学习的兴趣。

五、丰富空白处，补充出彩

文章中没有文字描述的空白部分，更能激起人的遐想，它往往具有"此处无声胜有声"的艺术效果。教学中，教师如果能抓住这些地方，悟出文章的真谛，填补空白之处，对于提高学生的思想水平和语文素养都能起到很好的作用。如《金色的鱼钩》一文中有这样一段文字："以后，老班长尽可能找有水塘的地方宿营，把我们安顿好，就带着鱼钩出去了。第二天，他总能端着热气腾腾的鲜鱼野菜汤给我们吃。"这里，从"带着鱼钩出去"到第二天"总能端着热气腾腾的鲜鱼野菜汤给我们吃"，无论从时间上，还是从事情的发展上都有一段空白，补上这一段，对于课文的理解具有积极的意义。教学时，可引导学生去思考，去发现。

师："老班长尽可能找有水塘的地方宿营，把我们安顿好，就带着鱼钩出去了。第二天，他总能端着热气腾腾的鲜鱼野菜汤给我们吃。"这中间他可能做什么去了？中间会遇到些什么事呢？

生：他可能找水塘钓鱼去了，可能跑了好多水塘才钓到鱼。

生：他也有可能在钓鱼时不小心掉到水里了。

生：他也有可能先去找鱼饵去了，可能挖了好多地方，手起泡了，都很难找到一条蚯蚓。

生：书中说我们吃的是鲜鱼野菜汤，因此他还有可能去挖野菜了。

生：书中还说我们端着的是热气腾腾的鲜鱼野菜汤，因此，他也可能去找干柴了。

……

这段文字的补充，使老班长的形象更加具体鲜明，使人物的品质清晰可见。学生也在补充中激发了学习兴趣，丰富了对文字的品味，增加了情感的体验，使教学更有效果。

开放课堂凸显生命活力

《义务教育语文课程标准（2011年版）》指出：语文课程应根植于现实。确实，我们现在的课堂教学如果仅着眼于非日常生活世界，将知识与生活剥离，断了与生活的联系，知识就显得枯燥乏味，学习就不再是一种自然生发于日常生活点点滴滴的亲历性经验的积累，学生的地位也由"学习者"降格为"受教育者"，学生单向被动承受的情况便在不知不觉中凸显了出来。这样，课堂便失去了那份生活中的自然。因此，我们要努力将真实的生活融于学习之中，开放教学的时空，主动贴近学生的现实生活，让学生在实践中学习，在实践中运用语文，使我们的课堂凸显真情实感，焕发生命的活力。

一、巧借日常现象，激发生命活力

有一段时间，学生中流行集"英雄卡"。大家为了得到"英雄卡"，一包又一包地买了许多方便面。有好多学生集全了一百零八将。时至今日仍有许多学生热衷于集"英雄卡"。而令许多家长和老师头疼的是学生三三两两将卡当作"赌博"的筹码来打牌赌博。小小年纪竟以"赌博"为乐，对于这种现象我们必须要有效地进行控制。

当学到《景阳冈》这篇课文时，我忽然产生了一个念头：何不乘此机会开个"水浒英雄介绍会"呢？我刚提出这个建议，学生们就兴奋不已。我知道他们因为这些"英雄卡"一直以来不被家长和老师所接受，而现在终于有了展示的机会。于是，我又提出了具体的要求：用自己喜欢的方式（自我介绍、表演、画画等），介绍一百零八将中自己最崇拜的一个，并谈谈对这个人的看法。介绍会的成功，出乎我的意料。学生为了让自己喜欢的英雄人物也得到别人的认同，没有仅仅停留在英雄卡的几句介绍上，而是到阅览室查了一些资料，做了精心的准备。许多学生为了表演得更生动逼真，还自制了兵器。整个介绍会洋溢着学生的欢笑声，生命的活力在开放的环境中也得到了展现。最后，介绍会在气势雄浑的《好汉歌》中圆满结束了。

从那以后，班级中再没有出现学生三五成群打牌赌博的现象了，"英雄卡"被学生当作宝贝一样珍藏了起来，但"生命的活力"却在课堂上被激发了出来，而且一发而不可收。

二、体验角色转换，提升生命境界

以往的语文阅读教学由于偏重字、词、句、篇与听、说、读、写的专门化训练，缺乏价值、情感、意志、责任等方面的引导，而使学生的兴趣及价值观逐渐弱化。《课程标准》指出，语文课程丰富的人文内涵对学生精神领域的影响是深远的，学生对语文教材的反应是多元的。因此，应重视语文的熏陶感染作用，注意教学内容的价值取向，同时也应尊重学生在学习过程中的独特体验。

学习了《小音乐家扬科》一文后，学生已经较深刻地体会到了扬科生活的悲惨，并对扬科产生了深深的同情。但是学习材料对学生而言，终究是"别人"的事，他们处于"局外人""旁观者"的地位。如何才能让他们深入领会课文的价值和意义呢？只有当他们成为"事中人"，用自己的心灵亲自去触摸、去体验，才能深有感触。

于是，我提议学生可以将文章改编成课本剧，进行表演，具体情节可根据需要做适当地补充和删改。学生要想演好，就必须在读的基础上调动多种感官，并运用已有的思维能力、语文能力（如表演能力、想象能力）以及生活经验，去感知课文中的有关语言文字，体会人物的性格特征和情绪变化。学生在表演时，已经成为故事的"当事人"，便能将文中的重点词句转化成自己"所感、所思、所想象"的现实生活的切身体验。因此，课文中的人物便不再遥不可及、不可触摸，而是成了舞台上一个个活灵活现的人物形象，如热爱生活对生活充满向往的小音乐家扬科，凶狠歹毒的管家，慈祥、和蔼的母亲……都成为学生倾吐情感的依托、感悟人生的载体。值得一提的是，有的学生已学着把音乐巧妙地运用到表演中，如用欢快的音乐来反衬扬科的孤独，用《我心永恒》这样的音乐来渲染凄凉的气氛，用《欢乐颂》来映衬扬科之死的悲惨……学生生动的表演，紧紧抓住了"观众"的心，大家全身心地投入情境中，被剧中人物所感动。

同时，学生要想把课本剧演好，还需要具备团队协作的精神，学会与他人协作，这些无形中产生的收获，不正是教育中有时苦苦追求而不可得的吗？

三、唤醒生活情趣，追求自我完善

《课程标准》提出语文课程要重视提高学生的品德修养和审美情趣，使他们逐步养成良好的个性和健全的人格。而现实中绝大多数学生都喜欢看动画片、玩游戏，缺少生活情趣。怎样才能为学生提供较为丰富、多样的生活情趣呢？其实，语文课文中就有很多这方面的好材料，我们可以充分利用课文。如《养花》一文作者具体介绍了自己的养花经验，我也与孩子们一起拨弄拨弄从田里采来的野花，实践起老舍的养花经验来；《燕子》一文，生动形象地描绘了燕子，我就和学生去观察小白兔、小狗等动物，一些学生还与小动物结下了不解之缘；口语交际说到集邮了，我先带来了自家的集邮册在班级中"炫耀"了一番，有几个家中条件较好的学生"眼红"了，也跟着集邮，还时常向我问这儿、问那儿……通过这些方法，逐渐丰富了学生原本枯燥单一的生活，唤醒了他们的生活情趣，使孩子的精神生活不断得到充实和完善。

教育应以尊重学生的个性为前提，最大限度地激发学生学习的主动性、创造性。语文学习的外延等于"生活的外延"。让语文课堂回归生活，让生命的活力在课堂中得以焕发，让孩子在自然真实的主体活动中进行体验与创造，可以使他们充满生命的活力，更好地懂得生活、理解生活、善于生活，进而不断地改造生活，做生活的主人。

一堂似课而非课的课

5月5日立夏。早上，因为上课要准备些资料，我便来到了五（2）班的教室，打开"班班通"软件，想找一下关于《草船借箭》一课的PPT及相关资源。学生见我在白板上倒腾，三三两两地围了上来。资源包里包含了一首苏轼的《念奴娇·赤壁怀古》。看到这首词，学生不由自主地背了起来。原来，他们在之前的古诗词诵读活动中学过。既然他们都学过了，不如就和学生聊一聊。于是，我收起找资料的念头，让他们一起把这首词读一遍。听我这么一说，全班学生立即大声读了起来。他们读完了，亦可说是背完了，但不能算是朗读。我又让他们再来读一遍，并且明确了要求，这次不是背，而是朗读。学生再读，比前一次好了一些。我又问，"知道这首词大概是什么意思，表达了一种什么样的思想感情吗？"学生面面相觑，都说不知道。不理解词的大意，当然也就做不到很好地朗读了。直接去讲这首词的意思，感觉很突然、很生硬。这样下去，与学生的交流肯定是不畅的。怎么让学生明白？只有先从学生最熟悉的诗词入手了，我想到了《静夜思》这首诗。

《静夜思》是大家都耳熟能详的，我一说出，学生的兴致马上就起来了，大声念了出来。读完后，我问："这首诗里有一种什么样的感情呀？"这次学生知道了，不加思索地回答"是思乡之情"。学生回答后，我连忙让学生读出诗中的思乡之情，这次学生读得好多了。接着我让学生起来试读，这时候他们纷纷举手了。"来，来了位女李白。"听我把上来读的学生说成是"李白"，学生开心地笑了，课堂气氛更融洽了。她一读完，我笑着说："李白就是李白，读得很好，只是因为是女李白，所以显得有些羞涩了。"学生一听老师这样说都跃跃欲试。"李白是男的，那再请一位真正的李白吧。"学生笑得更厉害了。就在这样的氛围中，一名男同学连忙跑上去给大家做了展示。或许还没有从刚才的开心中回过味来，他在读的时候脸上一直是笑嘻嘻的。学生见他这样子，笑得更厉害了。此时，我让大家静了静，告诉他们要用心去读，读出诗中的情感。我让他再读一篇，这次就好多了，有点儿李白赋诗的味道了。"同学们，要读出情感，还要有一些表情或动作，你们试试。"学生互相有模有样地读开了。如何去读诗，学生在笑声中，在与我的交流中已然明白了。

有了这些铺垫，我让学生回到《念奴娇·赤壁怀古》这首词中。提出了几个问题让他们思考：词中写到一个人物，是谁？他是一个什么样的人？因为《草船借箭》一课，学生的回答大都是心胸狭窄，度量小。于是，我让学生再读词，说说周瑜是一个什么样的人，从哪些句子可以看出来？学生答出了"羽扇纶巾、雄姿英发，谈笑间樯橹灰飞烟灭"。这句中重点是"谈笑间樯橹灰飞烟灭"。于是，我让学生写"樯橹"，找字典查"樯橹"，画"樯橹"，再让学生连起来说说这句词的意思。于是，学生很自然地了解了周瑜，对周瑜的认识更全面了。接着，我又让学生读出对周瑜的认识。读完后，我问："大家读得好吗？"学生也很自信地回答："好！"的确，学生真正是在朗读了，读得很好。"能不能读得更好呢？""能！"学生回答得很响亮，于是，他们又摇头晃脑地自由读了起来。然后我再让几名学生上台展示。这次，学生不仅是"朗读"，而且读出了情感，还很自然地运用上了表情和动作。

对于学生的表现，我给予了充分的肯定。学生的表现，使我想到王维审的文章中讲到这样一个故事：

一家公司招聘，安排分三天做三次考核。第一次考试，小强便以99分的好成绩排在第一，一位叫小米的女孩以95分的成绩排在第二。第二次考试试卷发下来后，小强发现当天的试题和第一次的试题完全一样，便自信地大笔一挥，还不到考试规定时间的一半，便交了卷。第二次考试考分出来，小强仍以99分未变的成绩排在第一，而那位交卷最晚的女孩小米以98分的成绩排在第二。第三次考试，试卷也和前两次的完全一样。小强根本用不着看考题，刷，刷，刷，就直接把前两次的答案给搬了上去。不到半个钟头，整个考场都空了。只有小米仍托腮拍脑、绞尽脑汁、冥思苦想，时而修改，时而补充，直到收卷铃响时才把答卷交了上去。考分出来，小强仍以99分的成绩排在第一，不过这次没有独占鳌头，小米这次也以99分的好成绩和他并列第一。

讲完故事，学生都知道最后的录用结果是小米，为什么呢？学生思考后明白了，小强虽然三次都考了最高分，可惜每次的答案都一样，一成未变，而小米却因为懂得反思，善于反思，善于发现错漏，在不断进步。

讲完故事，下课铃声也响了。一节早读课，本来没有打算在他们班上课的我，只是因为一首词，和学生交流，随意地聊起这些。虽然不是上课，但学生在交流或学习中明白了读文章或做事应该用心用情并不断去发现问题，去反思才能进步的道理。

路易斯·康说："学校源于一个人坐在树下，与另外几个人谈论自己的想法。谈的人不知道自己是老师，听的人也不知道自己是学生。学生们听得出神，不禁惊讶万分，要是这个人能留下来多好啊！于是，他们就在那里划出一块地方，于是世界上就诞生了第一所学校。"关注学生的情感需要，给学生需要的，给我们能给的，这样的自然、适时、适当，不正是我们所追求的朴素教育吗？

课堂上发生了什么

上周，全市小学校长讲课比赛在松山嘴小学举行。我执教《草船借箭》一课。虽然之前在我们学校试讲过几次，但这里的学生情况怎样，我还不是很熟悉，心里没底。因为被安排在上午的第一节上课，所以，头天下午，我便来到松山嘴小学。陈校长热情地接待了我们，并把我安排在他自己的班上。来到他们班教室，却发现，另一位校长也早已到了教室，正在认真地为明天的课做准备。见此，我们便到赛课的会场去听别的校长讲课。讲的什么，我也没听进去多少，心里只惦记着去教室和学生见面。一下课，我连忙下楼去教室，不想那位校长还在教室里，这样，我只好再等等了。

这一等不打紧，又一节课过去了。同一节课的内容，同一位老师，学生连续上了两节课，早已疲劳了，如果我再讲，学生又如何会有兴致呢？走进教室，陈校长介绍了我之后，我与学生熟悉的过程便开始了。

"同学们，刚才你们已经连着上了两节课，是不是有点儿累啊？"学生习惯性地回答："不累。"可看他们的状态，是多少有点儿疲惫了。因为现在毕竟是下午第三节课了。

"哇，你们真厉害，比老师强多了，要是我肯定不行。"听我这样一说，有的学生就有些不好意思地笑了笑。

"老师明白你们的心情，所以现在呢，老师不是来给你们上课，而是我们一起聊天交流，好吗？""好！"学生顿时鼓起掌来，脸上也灿烂多了，眼里也多了些明亮和期待。

"那么，面对我这位新老师，你们不想知道些什么吗？""想！"不大的教室里，一只只小手齐刷刷地举了起来。如"老师，你姓什么呀？""老师，你从哪个学校来呀？"等等。问题各式各样，我一一作答。

"老师，你的手怎么是白的呀？"（我有白癜风病）呵呵，现在的学生真行，什么都敢问。来时，我也想到这个问题，如果学生问到，我就坦诚地告诉他们。"你说可能是什么原因呢？"我把问题抛给了学生，有的说是烧伤，有的说是烫伤，更有一名学生说是洗面奶洗多了。听着他们千奇百怪的回答，我笑着摇了摇头。见我摇头，又一名学生喊了起来："哦，我知道了，"那位同学把他同桌的手扬起来，"肯定是和他一样。"那名学生的手好像是胎记。这时我便不再卖关子了，说："你们观察得很仔细，我的手和他的手的确有些相似，都是皮肤病。"我顿了顿："同学们，一个人身体上任何的疾病都不重要，重要的是哪里不能有病呢？"学生不约而同地回答："心灵不能有病。"

对自己身体的问题，不回避，坦诚地面对，恰恰更好地拉近了我和学生的距离。之后，我便与他们聊起了《三国演义》，聊起了《草船借箭》里的人物。不知不觉间，下课了。可学生仍然兴致勃勃，不肯下课，非要和我接着聊。真有意思。看着他们纯真和期盼的眼神，我没有拒绝，又和他们聊了一节课。两节课的时间，从他们的眼神，他们的期盼，他们的语言，他们的动作可以看出，他们是快乐的，他们是喜欢我的，甚至还找我要电话号码。我与学生算是熟悉了。因此，对于明天的课，我也充满了期待。

第二天，快九点时，学生被带到了会场。九点准时开课，时间不等人，学生刚刚坐好，我便开始上课了。我由"草船借箭的原因"开始，引入课文。学生回答还算中规中矩，可我却感觉学生与昨天的表现不太一样，没有昨天交流时那样放松与活泼。见此，我心里隐隐多了一丝担心。引入之后，我便让学生自由读课文寻找最能体现诸葛亮神机妙算的地方，然后进行交流。一位学生找到"这时候大雾漫天，江上连面对面都看不清"这句。这是我在课堂中预设的要着重讲的一个点。学生读后，我连忙追问："单凭这一句，就能看出诸葛亮的神机妙算吗？我看不能，我倒觉得诸葛亮或许是瞎蒙的。"学生又开始思考起来，一会儿便有学生又举起了手。一名学生站起来回答，"是'你借给我二十条船，每条船上要三十名军士。船用青布幔子遮起来，还要一千多个草把子，排在船的两边'这句话"。第二、第三名学生回答仍然是借船的事，第四名学生回答诸葛亮军令状是三天交箭。这些都不是。"那为什么定为三天呢？"学生半天进不了我的预设，我有些急了，于是我让学生再看看书。此时，学生也有点儿迷糊了。过了一会儿，终于，有一学生举手说："第一天，不见诸葛亮有什么动静；第二天，仍然不见诸葛亮有什么动静；直到第三天四更时候，诸葛亮秘密地把鲁肃请到船里。"这位学生终于帮我解了围，我如释重负，可背上的衣服却早已被汗打湿了。

第一个问题竟然纠结了这么长时间，而以前的试讲时间不是很够用，我心中有些担心和焦急了。不知不觉中，后面的速度加快了，对诸葛亮识天、识地、识人的感受与品位的讲解，也似乎少了平时的清晰与深入。将周瑜与诸葛亮比较之后，我就对着板书引导学生理解起了借箭的真正的起因（预设是让学生对着板书来说因果关系）。之后，是拓展阅读《孔明智退司马懿》。在学生阅读时，我打开手机一看，大吃一惊。这节课竟然还有十分钟，这节课如果提前结束，肯定是失败的。我脑子在飞速地思考，接下来该让学生做什么。对了，就让学生写写吧。写什么呢？就写他们想说的话吧。写完之后，让学生交流，可他们写的大都是对周瑜要说的话，我也没多想，时间刚好，之后结束了全课。

一堂课看起来似乎完整，设计独到而精心。课后，台下掌声如雷，教师们纷纷说我课上得好，从容，有儒雅之风，诗意课堂有深度，结果也还不错，获得此次讲课比赛特等奖。但个中滋味，只有自己知道。为什么学生不能与昨天一样轻松自如呢？为什么会出现时间多了的情况呢？

静下心来，细细思考教学的每一个环节，根本原因在于，整节课，我想着的都是"课"，是一节比赛课，是要完整上完的课。而学生之所以头一天轻松，恰恰是我当时没想到赛课，只想到与学生交流。养金鱼的都知道在每次换水时，要先把金鱼装袋子里，袋子里装的是原来的水。然后，要将鱼连袋子里的水一起放入换了水的鱼缸里。这样鱼比较容易成活。而我受之前试讲的影响，担心超时，一上来就开讲，忽略了学生在一个新的环境中，面对这么多的老师，心里有些紧张，还没有完全适应。这样，他们的思维如何能跟得上老师？如果我课前先与学生交流一下，缓一缓，让学生有轻松的状态，课堂自然也就轻松了。当学生回答出现问题时，我也只想着学生快快说出答案，好以一名学生的回答串起课文。如果我等一等，让学生去看课文，去思考，学生也就不会那么茫然了。课前的预备只是做了一个理想的预设，而没有考虑如果课堂发生变化，应怎么安排。如果我课前多从如何有利于学生的角度去思考，多做一些预设，就不会为补时间而临时安排学生写，就不会出现指向性不明确，学生的写也就不会单一了，学生后面的交流也就会更精彩、更有生命力了。

教育是需要用心的艺术，如果我们以生为本，眼中有学生，关注学生的情感、情绪状态，关注学生的学习状态，让学生在轻松愉快的环境下学习，那么这一个个鲜活的生命必将在课堂上焕发出光彩。

课堂也要"万年牢"

上周推门听课时，一位教师讲的是四年级的《万年牢》。课文是著名表演艺术家新凤霞写的一篇回忆性散文，通过讲述父亲做糖葫芦这件事，颂扬了父亲真诚为人和做事的道德风范。这篇文章内容并不深奥，很好理解。但这位教师是位新教师，前半节课在讲生字，整节课该如何引导学生理解课文内容，明白"万年牢"的意思，在其头脑中并没有一个具体的思路，仅是停留在书面上，逐文逐段地讲解。听完课，我随机问了几名学生什么是"万年牢"，他们都不知道。

真正的课堂应该是有生命的课堂，学生是学习的主体。如何上好一节语文课，如何引导学生，让学生变得鲜活，让学生学得兴趣盎然，使学生在语文学习中享受学习的乐趣，从而培养学生的语文素养，让课堂教学成为真正的"万年牢"，我觉得我应该给他们做个示范。于是，我就在这个班自己再讲了这篇课文。

课文的教学目标是让学生了解故事内容，明白做人要认真、实在的道理；理解体会文中"万年牢"的含义及它们之间的关系。因此我紧紧围绕课文中三个"万年牢"做文章。首先，解题激发学生学习兴趣。题中"牢"的意思是"牢房"？还是"牢固"？学生初读课文后回答，说出是"牢固"。我又问是从哪里看出来的？以此引出"我的糖葫芦糖蘸得均匀，越薄越见功夫，吃一口让人叫好，蘸出的糖葫芦不怕冷不怕热不怕潮，这叫万年牢"。接着，让学生读课文思考，为什么叫"万年牢"？从哪里可以看出？这两个问题。让学生边读边画出相关句子进行交流，体会父亲十分讲究选料，制作糖葫芦对蘸糖、甩糖风等每一个环节都一丝不苟，从而理解父亲做糖葫芦做得认真仔细，所以他做的糖葫芦才能经久不衰。再接着我又让学生找出后面两句中的"万年牢"，理解做生意讲实在是"万年牢"，做人认真、实实在在是"万年牢"。三个"万年牢"重点在第一个。因此，精讲课文第一句，学生就容易理解三者间的联系了。最后再介绍作者，说说作者是一个什么样的人，然后让学生联系实际说说怎样做一个认真、实在的人。

我的想法是力求课堂简单、朴实，教学过程做到环环相扣，让学生学得轻松，让语文课扎实而有语文味。从课堂中学生的反应和课后教师的感悟中，我知道这节课应该达到了这一目的。这节课也旨在示范，只有唤醒学生的情、唤醒学生的思、唤醒学生的学，才会真正实现语文课堂的"万年牢"。

唤醒学生的情。"兴趣是最好的老师"。轻松愉悦的课堂离不开学生的积极投入，而学生的积极投入又离不开教师的唤醒。首先，开课前要把微笑带进课堂，和学生交流。如"老师给你们上课，高不高兴呀？""怎么表现你的高兴呀？"等交流活动。教师对学生的期待是通过微笑来传递的，而学生会在这种爱的感召下，受到鼓舞。其次，课堂上学生提问要给予鼓励。如"你读得真好，一百分""你是个博学的孩子""你是在用心去读"等，说些鼓励学生、感染学生、激励学生的话。鼓励、表扬学生，让学生在鼓励与表扬中感受到教师的喜欢，学生自然也就会把教师当成最亲密的人，最要好的伙伴，自然就会"亲其师，信其道"。

唤醒学生的思。学习是学生与学生、课文、教师之间的对话。而与课文的对话则是学习最重要的部分。如开课时让学生说说题目中"牢"的意思是什么，激起学生学习的兴趣与求知欲。如问"父亲为什么给糖葫芦起'万年牢'这个名字，你再读读这个句子，能帮父亲说说理由吗"？孩子们说理由的过程，就是对第一个'万年牢'进行思考与理解。找到三句"万年牢"后，可以让学生说说三者间的联系，这就是对本文中心的思考。同时，要求学生读书时要学会针对问题有选择地圈圈画画，并适当做一些批注。引导学生走进课文，反复诵读，在诵读中思考感悟，在感悟的基础上品评，在品评中深化理解、升华认识，提升语文素养。

唤醒学生的学。语文是实践性很强的课程，恰当的生活情境具有综合的教育功能。它不仅能为学生提供具体、形象、生动的感性材料，构建轻松愉悦的和谐课堂，而且还能培养学生的语言交际能力，能体现交流的互动性。如"红果、海棠去了把（bà）儿和尾"这一句，教师拿出苹果，学生就能很直观地理解了。如教师能现场示范制作冰糖葫芦，让学生辨别谁做得好，学生在比较与辨别中就更能体会父亲做事的认真了。

教育的核心就是唤醒。只有根据学生身心发展的规律和语文学习的特点，关注学生的个体差异和不同的学习需求，激发学生的好奇心、求知欲，让学生主动去学，才能真正实现语文课堂上的"万年牢"。

准确把握文章核心，感受昭昭爱国之心

——《詹天佑》教学解读

詹天佑（1861—1919年），广东南海人，是我国近代科学与工程技术史上的先驱，也是我国近代史上杰出的爱国知识分子。1872年，12岁的詹天佑成了第一批赴美留学幼童。在美国中学读书的时候，他发奋学习自然科学。1881年回国，19岁的詹天佑在当时的中国铁路公司任工程师。在他开始任职的80天里，就完成了塘沽到天津的铺轨任务。1905年清政府任命詹天佑为修筑京张铁路的总工程师，他主持并建成京张铁路。他在帝国主义列强面前不畏强暴、威武不屈，显示了我国劳动人民的勤劳与智慧，振奋了民族精神，推动了我国近代铁路事业的发展。课文《詹天佑》主要就是以詹天佑一生中最主要的事迹——主持修筑第一条完全由我国工程技术人员设计、施工的京张铁路，来表现詹天佑的爱国主义精神。

这篇课文是人教版六年级《语文》上册第二单元"祖国在我心中"中的第一篇课文。中华五千年文明史中，爱国英雄数不胜数，为什么选他作为一个典型呢？为什么要把这篇文章作为第一篇课文呢？为什么无论是人教版、苏教版，还是其他版本，也无论教材怎么改编，都一直保留这篇课文呢？其原因就在于此篇文章主脉清晰，结构严谨，字里行间充满中华民族自立于世界民族之林的气概，洋溢着炽热的爱国情怀。

爱国精神是文章的主脉！在很多教学参考书的分析中及教师在讲课文时，常常提到"詹天佑是我国杰出的爱国工程师"。这句话是《詹天佑》这篇课文的中心句。所以在教学中应围绕这一中心句，引导学生理解课文是怎样体现詹天佑的"杰出"和"爱国"的。我们把"詹天佑是我国杰出的爱国工程师"这句话去掉修饰成分缩略成"詹天佑是爱国工程师"。由此可见，表现詹天佑的爱国精神才是作者的意图，那么"杰出"又当如何去理解呢？从中心句看，"杰出"只是修饰"爱国的"。其关系是因为詹天佑有着强烈的爱国精神所以才会这样的杰出，而这样的杰出更能体现詹天佑强烈的爱国精神。

另外，从詹天佑给他在美国读优童班时的家长诺索布夫人写的三封信中，更能表现出他的爱国热忱。

第一封信：

亲爱的诺索布夫人：

……

我现在任"京张铁路总办兼总工程师"。本路长约125公里，将开凿隧道3处，其中最长的为四分之三英里。本路为第一条全部由中国工程师负责修建之铁路，企望吾人能顺利完成……

你最忠诚的詹天佑

第二封信：

亲爱的诺索布夫人：

……

全体中国人和外国人都注视着我的工作。如果我失败，不仅是我个人的不幸，也是全体中国工程师和所有中国人的不幸，因为中国工程师将来不会再被人们信赖！

在我受命此工作前，即使出任之后，许多外国人仍公开宣称中国工程师绝不可能担当如此艰巨的重任，因为要开山凿石，并且修建极长的隧道！

你最忠实的詹天佑

第三封信：

亲爱的诺索布夫人：

诚然，我很幸运被任命现在的工作好像我成为了中国最佳的工程师。中国已渐觉醒，而且急需铁路，现在全国各地，都征求中国工程师。中国要用自己的资金，来建筑中国自己的铁路。

我全力以赴，至今已修成一段。特附上简报一份，使你知道当年在纽黑文、在你的监护下的一位中国幼童，现在已完成和将来继续要完成的任务。他早期的教育完全受惠于你……

你最忠诚的詹天佑

从这三封信的内容我们可以领悟到詹天佑在修筑京张铁路的过程中，处处为祖国的大局着想的爱国之情。

从结构上看，文章按照先概括介绍，再具体叙述的方法安排材料。第一部分是概括总起，写詹天佑是我国杰出的爱国工程师。第二部分交代当时的环境，说明他修路的原因，实际上也在说明周围人对他修路是如何看待、如何做的。第三部分则从勘测线路、开凿隧道和设计"人"字形线路三个方面来叙述詹天佑主持修筑京张铁路的过程，详细介绍了詹天佑在修路中是怎么想、怎么说、怎么做的。第四部分讲京张铁路提前两年竣工及中外人民对詹天佑的赞扬和怀念之情，点名事件的意义——有力地回击了帝国主义对中国人民的藐视和嘲笑。

这几部分中，贯穿全文的仍然是他的爱国精神——"遇到困难，他总是想'这是中国人自己修筑的第一条铁路，一定要把它修好。否则，不但惹外国人讥笑，还会使中国的工程师失掉信心'"。他说"我们的工作首先要精密，不能有一点儿马虎。'大概''差不多'这类说法不应该出自工程人员之口"，是因为他是这样想的。遇到困难他能大胆创新、开凿隧道和设计"人"字形线路，因为他心里也是这样想的。也因为他心里始终这样想着，所以他会亲自带着学生和工人，扛着标杆，背着经纬仪，在峭壁上定点、测绘。塞外常常狂风怒号、黄沙满天，一不小心还有坠入深谷的危险，但"不管条件怎样恶劣，詹天佑始终坚持在野外工作。白天，他攀山越岭，勘测线路；晚上，他就在油灯下绘图、计算。为了寻找一条合适的线路，他常常请教当地的农民"。他为什么要这样想？因为帝国主义狂妄自大，对中国人民极端藐视；因为詹天佑是为维护祖国的尊严而受命的。因此可以说，"这是中国人自己修筑的第一条铁路，一定要把它修好。否则，不但惹外国人讥笑，还会使中国的工程师失掉信心"。这一真实的想法，是詹天佑昭昭爱国之心的直接体现，是他战胜一切艰难险阻的动力。而创造性地开凿隧道、设计"人"字形线路，则是他爱国精神与卓越才能相结合的产物。

基于以上解读，要让学生去体会詹天佑的爱国精神，我们应当紧紧抓住"这是中国人自己修筑的第一条铁路，一定要把它修好。否则，不但惹外国人讥笑，还会使中国的工程师失掉信心"这一核心句来展开课文。可以设计如下板块：

一、初读课文，整体认识詹天佑

1. 视频：播放詹天佑基本简介。

2. 你从中了解到了什么？

3. 自由读课文，说说文章写了詹天佑的什么事？说说詹天佑哪些地方让你感动？

二、品读感悟，全面认识詹天佑

1. 学生自读课文，边读边画，说说詹天佑的哪些言行令自己感动？

2. 学生汇报交流，结合重点语句品读感悟。

（1）观其言，悟其爱国心。

重点体会：詹天佑经常勉励工作人员说："我们的工作首先要精密，不能有一点儿马虎。'大概''差不多'之类的说法，不应该出自工程人员之口。"

（2）察其思，悟其爱国心。

抓住核心，反复诵读："遇到困难，他总是想：'这是中国人自己修筑的第一条铁路，一定要把它修好。否则，不但那些外国人要讥笑我们，而且会使中国工程师失掉信心。'"

（3）感其行，悟其爱国心。

① 以画图或演示的方式理解詹天佑遇到了哪些困难，他是怎么解决的，他为什么能在那样困难的条件下去解决？

②他这样想，那在平常工作中又是怎么做的？

三、研读体验，深入认识詹天佑

1. 谈话：詹天佑自身的言行让我们感动，那他为什么会这样想呢？

2. 体会："能在南口以北修筑铁路的中国工程师，还没有出世呢！"（从中你体会到了什么？你的心情怎样？）

3. 读课文最后一段，体会人们的激动自豪之情。

四、拓展升华，尽情赞美詹天佑

1. 总结全文，说说你心中的感动，为詹天佑写颁奖辞。

2. 课后看纪录片《詹天佑》，深入了解詹天佑。

让课堂有亲和力

前不久应邀到解放小学上一节研究课，讲的是小学六年级的课文《詹天佑》。整节课在设计上以"感动"为主线，从《感动中国》片段引入开始到让学生仿写颁奖辞结束。其间我以品读感悟为重点渗透，让学生从关键词句中反复诵读，感知詹天佑让人感动的精神品质。课后参与听课的教师都说这节课是一节极具亲和力，语文味极浓的语文课。整节课的设计固然是其成功的一方面，但所谓功夫在诗外，如何让课堂有亲和力，则更为重要。

一、蹲下身子和学生"套近乎"

到解放小学上课，面对的是素未谋面的学生。师生之间没有起码的熟悉，如果直接这样去上课肯定是不会有好的效果的。因此，我提前5分钟到了教室。一进教室，学生似乎有些拘谨，齐刷刷地看着我这个新老师，每一双眼睛都充满了好奇，每一个小脑袋里似乎都装满了问号。满足他们的好奇心便是最好的"套近乎"的方法。"同学们，见了我一定有很多问题想问我吧"？学生见我这样问，点了点头，但似乎又不敢问。大家都看着班里的一位漂亮女生，这名女生可能是班里平时发言最积极的吧，于是我也微笑地看着她。在众人的期待下，这名女生站起来问我叫什么名字，我非常爽快地说出了我的名字。也许是因为我的微笑，也许是因为我的爽快，让他们很快放松了。马上又有第二个学生举手了，"您多大年纪？"这是个简单的问题，我却没有直接告诉大家，让学生猜我的年龄。这一下，学生的兴趣可来了，都在抢着回答。在这样的猜答中，学生觉得这个老师不那么严肃了，有点儿意思了，便渐渐放松了，教室里的气氛也渐渐活跃了。后面的教学也就很顺畅了。

写到这里，我不由得想起了那次到余川小学上《草船借箭》一课的情景。这节课我心里想的更多的是如何把课上好。因为时间紧，就想着赶紧上课，且以为头天和学生已经熟悉了，就直接进入了课堂。但我却忽略了一个问题，就是，学生换了一个新的环境，面对的是那么多的老师，学生还没适应过来。因此，蹲下身子看孩子，课前和学生聊聊天，拉近距离，让学生适应老师及新的环境，学生才会有一个轻松的学习状态。

二、变着法子给学生"戴高帽"

没有赏识就没有教育。于永正老师说："要给学生准备一百顶高帽子。"这个帽子戴好了，学生学习兴趣就起来了。比如，詹天佑经常勉励工作人员说："我们的工作首先要精密，不能有一点儿马虎。'大概''差不多'这类说法不应该出自工程人员之口。"读这句时，我根据学生读的情况，分别用了少年时的詹天佑，青年时的詹天佑等来对学生的朗读进行评价。为让学生理解詹天佑工作情形的句子，我让学生想象画面。我则分别用画家、摄影师、记者、詹天佑的代言人等，给学生戴上不同身份的"帽子"。角色扮演者觉得自豪，听者觉得老师有意思，兴趣也自然来了。除此之外还可给学生戴上激励的"帽子"。如学生在自学课文时，可夸他们说"你最会思考""你有一双慧眼""你的字写得好漂亮"等。

老师嘴巴的一个重要功能就是夸学生，而不是损学生。我们常听到有些老师说"谁不听讲，我就点谁起来回答问题"，这话让学生恐惧；"有没有比他读得好的"，这话直接否定学生；"你发言积极但是没有认真思考"，这一个"但是"让学生心冷等等。如果适时地、自然地发现学生的亮点，哪怕是一点点的亮光，给学生戴上"高帽子"，都会收获美好的效果。

三、挖空心思帮学生"找梯子"

每接触一个新的知识，学生都不可能完全跟上老师的节奏与思路。如何找到学生的"最近发展区"，打通学生的旧知识与新知识之间的联系，这是教师教学的主要任务。如詹天佑经常勉励工作人员说："我们的工作首先要精密，不能有一点儿马虎。'大概''差不多'这类说法不应该出自工程人员之口"这句话，学生开始只是找到读了出来，但如何深入领会这句话的意思呢？我创设了以下几种情境：①在施工动员会上，詹天佑面对着所有的铁路建设者，慷慨激昂地勉励；②看到有些工程人员偶尔粗心，施工质量不是很高，詹天佑语重心长地勉励；③个别工程人员因为条件艰苦，消极怠工，詹天佑严厉而又恳切地勉励工程人员。一次一次地体会，学生充分感受到詹天佑严谨的工作态度让人感动。又如在居庸关和八达岭，分别用"中部凿井法"和"两端凿进法"施工，我让学生画示意图去理解。对于"人字形线路"，则用动画加以演示。这样学生就非常清楚了，也体会到了詹天佑智慧超群。还有在学生深深为詹天佑的行为所感动之后，我让学生为他写颁奖辞。但并不是直接让他们写，而是先出示感动中国人物郎平的颁奖辞，让学生仿写。这样既降低了难度，又让学生有话可写。

只有本着一颗朴素的心，始终站在学生的角度亲近学生、思考问题，帮助学生，让课堂有亲和力，教学课堂才会真正高效。

语文"味"在哪里

最近陆续到一些学校讲《詹天佑》一课，听课的教师都评价这是一节语文味极浓的语文课。这节课的语文"味"在哪里呢？主要就在于正确地把握住了语文工具性和人文性的统一。

一、整体把握，整出原味

《课程标准》指出："在教学中尤其要重视培养学生良好的语感和整体把握的能力。"课文要从整体上去把握，如果简单、机械地根据教学目标去简单地分割，那么这样教出的课文课必定是支离破碎的，学生的理解和感悟当然也是不完整的。

《詹天佑》一文，是六年级上册第二单元"祖国在我心中"的第一篇课文。课文重点是让学生理解"詹天佑是一位杰出的爱国工程师"，感受其爱国之心。大多数教师在讲课时，都是将"爱国""杰出"并列开来。细细分析这句话，其缩略句就是"詹天佑是爱国工程师"，其中心是爱国，"杰出"是修饰成分。因此，我们可以理解为，詹天佑的杰出源于爱国，因为爱国才这样杰出，因为杰出更体现爱国。如何让学生充分理解并感受詹天佑的爱国之心呢？按单元导读要求，就是要在读懂课文内容的基础上，体会关键词句在表情达意方面的作用。

一个人的品行通常都是从他的言行中表现出来的。深入地从文字中去感受、品味，才能理解人物的品行。这节课我设计了如下环节：激趣导入，初步认识詹天佑；初读课文，整体认识詹天佑；品读感悟，全面认识詹天佑；研读体验，深入认识詹天佑；拓展升华，尽情赞美詹天佑。其中，品读感悟其言行，是教学的中心环节。围绕"他是怎么说的，为什么这么说？"这一问题引出"遇到困难，他总是想：这是中国人自己修筑的第一条铁路，一定要把它修好。否则，不但那些外国人要讥笑我们，而且会使中国工程师失掉信心"这句话。然后，紧扣这一核心句，进一步展开"他遇到了哪些困难""他为什么能想出这些办法""他是怎么做的""他为什么这样做""他为什么这样想"这些问题来提问。这样，始终围绕核心，逐层推进，引导学生思考，唤醒学生的情感。尽管课堂上没提一句"詹天佑爱国"，但却让学生无一不被詹天佑这种伟大的爱国之情感动，"祖国在心我心中"也在学生心中深深扎根。

二、反复诵读，读出韵味

　　钱理群教授说："文学的教育，有时声音非常重要，这种声音是对生命的一种触动。文学是感性的，而不是理性的。所以，读，可以让学生感动，用心朗读是感受文学的一个重要方式。""读"是了解文本、感受文学的一个重要武器。因此，教师首先要引领学生选择不同的阅读方式，走进文本，与文本、作者交流对话，理解表层材料的含义，进而体会更深层的意蕴。

　　首先，以深情的朗读引出课题："这是值得每一个中国人都深深怀念的名字，让我们深情地呼唤他的名字。""这是值得每一个中国人都肃然起敬的名字，让我们崇敬地呼唤他的名字。""这是值得每一个中国人都扬眉吐气的名字，让我们自豪地呼唤他的名字。"一次次深情的朗读，先入为主，便会使学生对詹天佑有了份崇敬之情，也有了想了解詹天佑、要学习课文的想法。

　　其次重点句创设情境读。如"詹天佑经常勉励工作人员说：我们的工作首先要精密，不能有一点儿马虎。'大概''差不多'这类说法不应该出自工程人员之口"。学生初读之后，可创设如下语境："在施工动员会上，詹天佑面对着所有的铁路建设者，慷慨激昂地勉励工程人员。""看到有些工程人员偶尔粗心，施工质量不是很高，詹天佑语重心长地勉励工程人员。""极个别工程人员因为条件艰苦，消极怠工，詹天佑严厉而又恳切地勉励工程人员。"让学生在不同的语境中体会，从而更深入地理解詹天佑对待工作的严谨。

最后，核心句反复读。"遇到困难，他总是想：这是中国人自己修筑的第一条铁路，一定要把它修好。否则，不但那些外国人要讥笑我们，而且会使中国工程师失掉信心。"这是表现詹天佑爱国之心的核心句。可以先引导学生从不同角度读，分别从"中国人自己""第一条铁路""一定要修好"等关键语句中理解这句话包含的多重意思。然后让学生在"遇到这些困难，为什么能克服是因为他心里想……""为什么这样做，是因为他心里想……""他为什么这样想"等每一个环节的学习中都始终围绕这一核心句展开、收拢，紧紧抓住这句反复朗读，一咏三叹，层层推进，将"爱国"这一主题在心中强化。

三、自主学习，学出意味

学生是学习和发展的主体。自主学习，有利于学生更直接地接触语文材料，在实践中提升语文素养，掌握和运用语文的规律。

《詹天佑》这一课的教学，学生初读课文时快速浏览课文，没有让学生遇到不认识的字停下来查字典，这样学生就能整体感知课文，对人物有初步印象。再读时让学生自读课文，边读边画，找出描写詹天佑言行的句子。边读边划，既让学生走进了课文，又培养了学生"不动笔、不读书"的阅读习惯。而在处理课文的另一个教学重点"理解两条不同隧道的挖掘方法及'人'字形铁路"时，让学生以自读、同桌合作学习、画图或演示的方式去理解。要画好图，学生就得仔细阅读课文，理解课文，另外画图又让学生加深了对课文的理解与感受。在让学生品悟詹天佑是怎么做的时，老师深情朗读时，先让学生闭眼想象画面然后交流看到的景象，既让学生整体感知了课文，又丰富了学生的想象力。教学最后环节，在学生深入体会了詹天佑的爱国之情后，让学生为詹天佑写颁奖辞，在让学生写的过程中，升华了课文主题。

四、激励评价，评出情味

没有赏识就没有教育。每名学生在课堂上提出问题或回答问题后，都渴望得到教师的肯定和赞扬。激励性的评价语言犹如兴奋剂，能引领学生思考，并使他们在积极的思考中得到满足和鼓励，体验学习的快乐。

比如，读"詹天佑经常勉励工作人员说：我们的工作首先要精密，不能有一点儿马虎。'大概''差不多'这类说法不应该出自工程人员之口"这句时，学生理解不同，读得自然也不同。第一位学生读后用"少年时的詹天佑"评价他。其他学生听后就知道语气、语速、情感等方面应该有所修正。对第二位、第三位又分别用上"青年时的詹天佑""中年的詹天佑"进行评价。这样学生在不同的读与评价中便充分理解了这句话所包含的情感与内涵。

又如写詹天佑工作情形的句子"他亲自带着学生和工人，扛着标杆，背着经纬仪，在峭壁上定点，测绘。塞外常常狂风怒号，黄沙满天，一不小心还有坠入深谷的危险。不管条件怎样恶劣，詹天佑始终坚持在野外工作。白天，他攀山越岭，勘测线路；晚上，他就在油灯下绘图、计算。为了寻找一条合适的线路，他常常请教当地的农民"。老师有感情的朗诵时，先让学生闭眼想象然后交流看到的画面。分别用画家、摄影师、记者、詹天佑的代言人等称呼，给学生戴上不同身份的"帽子"让他们对詹天佑进行评价。让角色扮演者觉得自豪，听者觉得有意思。另外，对学生说写颁奖辞是受中央电视台委托，写得好的将留下交电视台，激发了学生的写作兴趣。学生从老师的评价中，收获了成功的喜悦与自信，学习语文的兴趣也因此被激发起来了。

语文课堂充满语文味是语文教学的灵魂。只有用语文独有的语言美和情感美去优化语文教学过程，语文的"香味"才会越飘越远。

从站着的学生说起

上周听课时，老师让最后一排的那个学生站起来回答问题，学生答了一半，他又连忙打断，请另外一位学生站起来"补充"。另外一位学生"补充"时，他又忘了请前面那位学生坐下。那学生太诚实，就站在那边听讲，老师没发话，他就没坐下。老师让全班同学读下一段，他站着，也跟着读。读过了，老师讲下一个问题，仍然没有注意到他还站着。直到旁边的听课老师示意，那名学生才终于坐下了。

很显然，这是典型的"把人忘了"。这样的事情并非偶然。

月考后，我去听了月考成绩不理想班级老师的课。A数学老师在讲评练习时，一节课除了让学生两次读题和一次让学生做作业外，其余时间都是他自己在讲。B数学老师是讲新课的第二课时，这节课的知识点也不是很难，我观察学生似乎都已经会了，可B老师还是在按新课的节奏去讲，每一题都是一样地讲解。他们有一个共同的问题，就是只关注教学内容和教学进度，顺着自己的思路进行教学活动，追求的是教学任务的完成，而对学生上课时的情绪状态、学习状态却关注甚少。A老师全堂课没有对学生有一个评价和激励，B老师除了有两次提醒学生不认真听讲就上黑板答题之外，对学生的回答、参与也没有一句鼓励。

教师眼中没有学生，教学就很难起到作用。

中央教育科学研究院的研究人员曾专门观察了几位特级教师的教学行为。他们发现，这些教师在黑板上写完板书后，并不是背对着学生提醒学生看黑板，而是转过身来慢悠悠地从不同角度扫视教室里的学生。之后，再开始下面的教学，中间有10～15秒的停顿时间。

事后问这些教师，这么做是否浪费教学时间，他们异口同声地予以否定。他们是要充分利用这短短的十几秒，观察和分析学生的学习投入情况，以便采取适当的教学行动，继续下一个教学环节。其中要问自己6个问题：①已有多少学生看黑板了；②有多少学生开始解题了；③有多少学生找到答案了；④还有多少学生没有进入前三种学习状态；⑤这四种状态的学生在班里是怎么分布的；⑥自己决定采取何种行动。

从板书这个细节中，我们不难看出，特级老师之所以能成为特级老师，他们的课之所以那么精彩，就是因为他们"眼中有学生"。

一、眼中有学生——教学准备贴近学生

学习是在同教科书对话，同教室里的学生对话，同自己对话。因此，好的教学应该有课前的精彩预设，有课中教师引导学生在课堂上智慧的"生成"。这就要求教师课前要做好充分准备，认真钻研教材，备好课，找到学生的"最近发展区"。以学生的生活实际为教学资源，根据学生的生活实际去准备教学，这样才能激发学生的兴趣和满足学生的期待，为学生以后的发展做好铺垫，学生也会感觉亲切、自然。

二、眼中有学生——教学活动关注学生

教学是由教师的"教"与学生的"学"共同构成的。二者之中，学生的"学"才是主体。讲十遍听十遍，不如让学生亲自做一遍。"教师应以课堂学习的设计师或儿童学习的促进者的姿态展开活动"（佐藤学先生语）。教师的作用就是要把知识切入情感态度领域，让学生有体验、有触动。学生感同身受了，有感觉了，比仅仅听到看到更会留有痕迹，而留在心里要比留在嘴上要深刻得多。

教学中，教师的每一项教学活动，都应关注学生的需求，尤其要以"不

懂"的学生为中心，关注那些边缘的、学习困难的学生，才是真正着眼于学生的发展。

三、眼中有学生——教学发展尊重学生

学生的发展程度是不一样的。作为教师，应该尊重每一名学生，因材施教，因人而异。对所有学生的发言都要寄予信赖与期待，相信每一名学生的发言都是精彩的，把赞赏的目光投注在每一名学生的身上。学生回答不出问题时，教师可以说"你行的，再好好想想"；遇到不愿意回答问题的学生，教师不妨满怀期待地说"你先试试，轻轻地说给老师听听""我就知道你能行。这不，说得多好啊"；鼓励回答得好的学生，可以说："不错，继续努力"；等等，让学生轻松自如地参与、自由地交流。

教师眼中有学生，有根植于心灵深处的"学生第一"的思想，才会静静地聆听学生的声音，走进学生的世界，学生才能和教师一起参与、陶醉。也只有这样，我们的课堂才能真正成为师生共同的舞台，成为师生共度人生的地方。

对一年级写字教学的几点想法

写字是一项重要的语文学习的基本功。写字能力的培养，是小学第一学段语文教学的一个重点。第一学段要求学生做到"书写规范、端正、整洁"，同时要求"写字姿势正确"。那么，如何让学生做到这些呢？

一、观察联想，活化字形，感知字形美

观察是认识事物的基础。教学时，教师首先要指导学生观察字形，弄清汉字在田字格中的位置。在指导观察时，教师如能引导学生对抽象的汉字加以联想，活化汉字字形，汉字字形就会深深地扎根于学生的心中。

教学时，教师可以将汉字形象化。例如，教学"伞"字时，教师可以让学生想象"伞"字外形。学生会说像大蘑菇、大树……加上电脑动画，不仅可以让学生感受汉字的形体美，也可以促进他们学习的欲望。又如，"人"字。教学时，我先引导学生观察"人"字的笔画，再让学生充分发挥想象，看看"丿"像什么，"㇏"像什么。学生通过观察及想象，很快就能把"人"字写漂亮了。

二、比较观察，示范演示，体会书写美

小学生写字往往眼高手低。在教学中如何帮助学生提高书写能力呢？教师

的范写很重要。教学时，教师在指导学生进行整体认知后，可在黑板上向学生展示写字的全过程，并在演示的过程中告诉学生这个字是什么结构，第一笔在田字格的哪个位置，每一笔的名称、运笔方法以及笔顺等，使学生对所学生字有个初步的认识。但是，对于一年级的学生来说，仅仅范写还不够。此时，教师运用比较法进行教学，可以收到事半功倍的效果。

比较运笔法。例如，教学"竖"时，我让学生比较"悬针竖"和"垂露竖"的不同，并让他们试着书写。比较间架结构。例如，教学"皮"字时，我让学生先观察，后临摹。结果，学生写出的"皮"字五花八门，有的把"又"字写得太短，有的又把"又"字写得太窄……这时，我把他们写的这些字在黑板上"公开亮相"，并和书上的范字进行比较，帮助他们找到"病因"，并给出"治病良方"。通过比较之后，学生再写出来的"皮"字就有了很大的进步。

三、严格训练，培养习惯，发展个性美

1. 练字严要求

正确的写字姿势，不仅有利于学生把字写端正，而且也有利于学生的身心发育。因此，学生写字时，教师要时时纠正学生不正确的写字姿势和写字方法，让学生在练习中逐步提高写字能力，养成良好的写字习惯。

2. 训练要有度

练字贵在精，而不在多。小学生手指的小肌肉群还不够发达，学习也很难持久。过多的书写不仅不利于学生的身心发育，还会影响他们写字的兴趣。因此，教学时教师应坚持一个"少"，保证一个"好"。每个字不必让学生多写，只要他们觉得自己写好就行，这样做的目的只有一个，就是让他们把字写好。

四、激励评价，鼓励进取，展开竞赛

小学生的表现欲极强，教师可以充分利用他们的这一特点，给他们一个展示自己的机会，以激发他们写字的兴趣。例如，教师可以在班里设置"优秀作品榜"，把学生写得好的字张贴起来，以此提高他们的写字水平。

语文课堂不妨多用"减法思维"

《课程标准》提出："语文课程应激发和培育学生热爱祖国语言文字的思想感情，引导学生丰富语言的积累，培养语感，发展思维，初步掌握学习语文的基本方法，养成良好的学习习惯，使他们具有适应实际需要的识字写字能力、阅读能力、写作能力、口语交际能力，正确地理解和运用语文。同时，语文课程还应通过优秀文化的熏陶感染，提高学生的思想道德修养和审美情趣，使他们逐步形成良好的个性和健全的人格，促进德、智、体、美诸方面的和谐发展。"一节课毕竟只有40分钟，把这么多的内容放到一节课中，肯定是难以完成的。如果面面俱到、平均用力，很显然是低效的。如生字词的教学，具体到每一课中也应该有侧重点，而那些会读的就不用再标拼音，会写的也不用再描笔顺。真正该教的是新字，不会读的、易错的字。如果把这些作为重点，学生自然就会从所有的字中找出不同，从而加深记忆，提升学习质量。因此，合理选择教学内容，就应用"减法思维"，学生知道的老师就不讲，充分利用好一节课40分钟，聚焦、专注于那些真正有价值的教学内容。

精选教学目标。教师上每一节课前首先得思考"教什么"和"怎么教"。而"教什么"必定优先于"怎么教"。目标就是方向，定准目标，才能保证教学有的放矢。如语文课上要求进行的听、说、读、写训练，在精读课文，略读课文，或写作课、口语交际课上的侧重点是不同的。同样，就一篇课文而言，选定教什么，从哪里入手，也应有"减法思维"。每一堂课都应针对学生的实际进行筛选取舍，准确拟订教学目标，并扎扎实实地围绕目标教学，力求一课一得。如《万年牢》一文，内容不难，课文围绕父亲做糖葫芦这件事，分别讲父亲做事认真和实在。其中做糖葫芦"万年牢"，是基础；做人"万年牢"是根本，也是文章的中心。因此，在教学中，可将理解文章中的三处"万年牢"的意思以及它们之间的联系，作为本课教学目标，重点引导学生理解父亲做糖葫芦时的实在，进而理解做人实在这一中心。

精简教学过程。现在的很多公开课，声、像、光、电齐上阵，不然就似乎不是现代课堂。那些华而不实、形式主义的东西多了，学生的自主学习自然就少了。高效的课堂应该是简简单单的，应该是让学生成为学习的主体，让学生成为课堂的主人。因此，教师在课堂上应该是学生学习的引导者、促进者，即用"减法思维"教语文！简洁化教学过程，扎实而有效地进行教学。如《草船借箭》一课，我在问题设置上做减法，通篇抓住"神机妙算"一词作为全文的重要训练点，让学生阅读，去感受经典人物鲜明的形象特征。这样设计教学内容，简洁而清晰，使学生避免了冗长的文章分析和反复的模仿性朗读。如果一会儿思想含义，一会儿语言因素，分析来分析去，把一篇几百字的文章肢解得七零八落，一句并不难于理解的句子也要问学生体会到了什么，读懂了什么，学生在语文课上学得苦，教师也教得累，教学效果也必定会不尽如人意。

精心设计作业。现在学生课业多，烦琐不堪的语言文字的排列组合，使人眼花缭乱的文字游戏，以及各种名目的"密卷"之类，无不加大了学生的课业负担。因此，要将学生从被作业"绑架"中解放出来，不妨在作业的设计上增强针对性。例如，多布置一些专题作业、对比作业、变式作业，加强层次性，由易到难，因生设计；加强开放性，多一些粗放性和实践性的作业等等。例如学《春联》一文前，我就让学生收集各行各业的春联，让学生在课堂上讲对联故事、写春联等。

"减法思维"，是一种高瞻远瞩的智慧，更是一种深层次的备课思想。课堂上恰如其分地做做"减法"，简简单单教学，就会发生奇妙的变化。

智慧的女儿

智慧的女儿，是童话故事《幸福是什么》里的一位神奇而又美丽的姑娘。她发现三个牧童在树林里清理一口老泉，疏通泉眼，砌井。她就称赞他们做了一件好事，并引导他们各自去弄明白"幸福是什么"。十年后，他们通过自己的劳动，终于明白了幸福的含义。

三个牧童清理老泉的事很普通，相似的事也经常在我们的孩子中间发生。如果是发生在现在，故事又可能会是怎样的呢？

有些家长可能会说："还不快回去做作业，就知道玩，做这些有什么用？"

有些老师可能会说："你要是把这个心思用在学习上就好了。"

如果孩子接着问幸福是什么呢？

老师、家长可能都会说："只有你学习成绩好，将来上个好大学，找个好工作，才会幸福。"

听到这样的回答，孩子们对幸福的理解又会怎样呢？我们不得而知。

"教育的本质意味着：用一棵树摇动另一棵树，用一朵云推动另一朵云，用一个灵魂唤醒另一个灵魂。"智慧的女儿明白这样一个道理，她像一位高明的、充满智慧的导师一样，一步步引导着三个牧童的成长。

对孩子的尊重与唤醒。教育面对的是一个个鲜活的、有思想的生命个体，唯有遵循生命成长的规律，敬畏生命，尊重孩子，才能让孩子成长成为他自己。三个牧童清理好老泉，砌好井之后，智慧的女儿很高兴地向牧童们提出："我可以喝你们井里的水吗？"牧童同意之后，她微笑着说："我为你们三个人的健康喝了三口井水。"她喝水是为了表达对三个牧童劳动的肯定，对牧童的尊重。不仅如此，她对牧童尽情地赞扬，并为他们送上祝福，她说："你们做了一件好事，我感谢你们。我代表树林和树林里居住的一切动物，代表在树林里生长的一切花草，感谢你们。祝你们幸福！再见！"

罗森塔尔效应告诉我们，表扬和鼓励学生，才会唤起学生的信心。一个好的教师应该有一双慧眼，善于发现学生的闪光点，给学生"准备一百顶高帽子"（于永正语）。学生有进步了，及时表扬；他们把字词读准了，课文读流利了，给他们点赞；学生回答认真，进行了思考，给予掌声；即使他们的行为达不到老师的要求，也要给予"你能行""我相信你"的期待。要给学生多一分关注，少一些漠视，多一分鼓励，少一些斥责。让学生多一分期待，多一分成功的喜悦。只有这样才能激发出学生学习的兴趣。

注意让孩子自己去体验、去实践。当牧童问智慧的女儿"你祝我们幸福。请你告诉我们，幸福是什么？"时，智慧的女儿并没有直接告诉他们，而是引导他们"你们应当自己去弄个明白。十年以后让我们再在这个地方，在这口小井旁边相见吧。假如到那时候你们还不知道幸福是什么，我就告诉你们"。如果此时，智慧的女儿告诉牧童什么是幸福，相信三个牧童也不一定能体会到。"幸福是什么？"这是一个常常被提及的问题，而100个人中也许会有100个答案。因此，幸福不是靠别人说就能知道的，更多的是靠每个人自己去体验。如果一味地灌输，不但不会让学生接受，相反会限制学生的想法。只有让学生亲身经历、亲身体验过，学生才会理解得更深刻。

要有"静待花开"的思想。我们生活在一个飞速发展，急速变化的时代。一个匆忙得让人焦灼的时代。"快点儿"也常常体现在我们对学生的教育上。"快点儿起床！""快点儿吃早饭！""快点儿做作业！""快点儿看书！""快点儿整队"……似乎"快点儿"就是我们对孩子的口头禅。孩子的生活节奏、生理节奏本来就跟大人不一样。他们慢，不是因为故意磨蹭，而是他们的能力仅此而已。佐藤学教授在《教师的挑战》中写到，小林老师因为健治的不懂而等待，将课堂上本来花3分钟时间能解决的问题花了20分钟；志村老师让学生读完《我是一棵草》后写"这是棵怎样的草？""你有怎样的感想？"。5分钟过去了，看到学生还在记录，他在等待，一直等了10分钟，直到最后一名学生完成。

而我们的课堂上，教师往往是不会耐心等待的，学生稍微一慢教师就会觉得冷场。记得我讲《钓鱼的启示》时，提出"生活中你们有没有遇到过自觉进行道德实践的人"这样一个问题后，学生半天没有回答。我在等待，一分钟过去了，教室里没有声音，我的声音便响起了，又把课文内容再引导，再强化。又过了一分钟，终于有一名学生说出了他过马路闯红灯的情形，我终于长舒了一口气，课堂算是接上了。这样是在等待，是一种焦急的等待，看似等待，却是催促，是在担心课堂的冷场，是在追求课堂的热闹。还有检查学生背诵时，有些孩子背不来，就让他站在教室外背，或者批评，或者逼学生继续背下来。这也是无奈的等待，是催促。

智慧的女儿给三个牧童十年的时间去弄明白幸福是什么。这份等待才是真正的等待，这才是教育的本真。因此，我们是不是也要多给孩子们一些时间和空间呢？因为每朵花开的时间是不同的。

三个牧童分别做了医生、农民、消防员，但无论从事什么职业，他们都知道了：只要勤勤恳恳地工作，只要工作对别人都是有用的，就是幸福的。其实，让学生能凭借自己诚实的劳动自立，关爱别人，幸福生活，这不就是我们教师的职业追求吗？

我们要的不只是葫芦

小学二年级有篇课文《我要的是葫芦》，故事写的是：有个人种了一棵葫芦。细长的葫芦藤上长满了绿叶，开出了几朵雪白的小花。花谢以后，藤上挂了几个小葫芦。多么可爱的小葫芦啊！那个人每天都要去看几次。有一天，他看见叶子上爬着一些蚜虫，心里想，有几个虫子怕什么！他盯着小葫芦自言自语地说："我的小葫芦，快长啊，快长啊！长得赛过大南瓜才好呢！"

邻居看见了，对他说："你别光盯着葫芦了，叶子上生了蚜虫，快治一治吧！"那个人感到很奇怪，说："什么？叶子上的虫还用治？我要的是葫芦。"没过几天，叶子上的蚜虫更多了。小葫芦慢慢地变黄了，一个一个都落了。

故事很简单，只有葫芦的根、藤、叶都长得好，葫芦才能"赛过大南瓜"。浅显的道理大家都懂，可类似的事却常常在我们身边发生。

一次到一所学校上课，课后孩子们紧紧围绕在我身边，也许是我课堂上展现的亲和力，让学生觉得亲切吧。孩子们跟我七嘴八舌地聊起来，有一名学生说他们老师每篇课文都只是简单地让学生硬背下来，然后让抄写生字多遍。

有一位老师非常敬业，他班里学生的作业比别的班要多多了，特别是每到期末考试之时，他都会自己掏钱给学生买试卷。家庭作业如果别班一张卷子，他可能就是两张。他要求学生每天提前40分钟到学校，他要跟学生讲试卷。早上如此，午间，学生还是在做试卷。到期末了，他们班学生的平均分数在同年级中也确实是领先的。

还有一位教师，对班里的优秀学生给予特别待遇——班里的座位由他先选，班级卫生、劳动等事一律不安排他们去做，这些学生上课不听讲老师也不去干预。

语文教师上课，只要学生回答对了就行了，至于哪句话读得是否正确、流利、有感情并不过问。

数学老师上课，只要学生算对就行了，至于字写得好不好，却认为是语文老师的事。

品德老师上课，只关注教材里的内容，至于学生课后是否能按教材中的内容去做，就不管了，认为那是班主任的事了。

体育老师上课，只关注一节课的运动训练是否到位，对学生上课时吃零食，乱丢果皮纸屑的行为不闻不问，认为那些与他上的课无关。

孩子放学了，家长就急着催孩子做作业，家里所有的家务，不肯让孩子动手。孩子喝水，家长端到手中；饭熟了，把饭盛好、菜夹好；孩子要洗漱就把牙膏挤好，把洗脸水倒上……

孩子的成长，就像葫芦的成长一样，需要根、茎、叶子都长好了，才能健康成长。如果发现根、茎、叶等哪一个地方出了问题，就要及时去治一治。家长关注更多的是孩子是否吃好，只有孩子真的生病了才会去治疗。有很多家长关心孩子的成绩也只看他的考试分数。分数考得高，一俊遮百丑，其他的也都不过问了；若是分数考低了，就厉声呵斥，而从不去思考平时自己是怎么教育孩子的。

要想根、茎、叶长得好，还需要平时细心地呵护与关心。要想根、茎、叶长得好，更需要土壤、肥料、阳光、水分。土壤就是健康的身体，肥料就是广泛的阅读，阳光就是良好的品格，水分就是艺术的兴趣。

健康是生命之本，有了健康的身体，才会有茁壮成长的本钱。"三操"、课间微运动、阳光大课间、每天一小时的锻炼，这些都有利于学生的健康成长。

一个人的阅读史，就是他的精神发展史。大量的阅读，才能给予学生充足的营养。

德是做人的根本，根正才能苗红。良好的品德、良好的习惯会助力孩子的成长。

人的一生中，必须有一个个人兴趣爱好！培养孩子的个人兴趣爱好，会让每个孩子成长为独特而有个性的自己，才会生活得更有意义。

因此，仅要"葫芦"是不行的，我们需要的是学生全面健康地成长。我们需要遵从生命成长的规律，敬畏生命的成长，给予孩子们更多的空间和时间，给予孩子充足的阳光雨露，让孩子们真正地长成他们自己。

兴趣是学生的第一任老师

在全市英语"学·唱"活动总结会上，教育局局长就如何推进这项工作，谈到了四个"第一"，其中第二个是"兴趣是学生的第一任老师"。教育局局长以自己的亲身体会诠释了这一点。小时候，他的老师经常要布置一个题为《我的家族史》的作文。一个小孩子，家族史能知道多少？多是从父辈那里听来的。他认为家族史是真实而无法改变的，是不能乱编的。因此，每次作文大同小异，交上去都要被老师批评，于是每到交作文的时候他就着急。有一次，他发现姐姐的作文写好了，自己的作文还没写，于是就偷偷地把姐姐的作文交了。没想到老师竟在全班表扬了他。这一次的表扬，让他第一次从中得到了快乐，从此也在他心里播下了写作的种子。以后，他的文章越写越好，给他的学习增添了更多的自信。

老师的表扬，好似一束阳光，照亮了学生的心田，激发了学生写作的兴趣。的确，兴趣是最好的老师。有了学习的兴趣，学习起来就会有很大的积极性，就会有强烈的学习需求，就能体验学习的乐趣。因此，一位好老师应该善于激发学生的学习兴趣，成为学生学习的促进者。

激发学生学习兴趣，教师应该有一张善于表扬的嘴巴。教师的嘴巴有一个重要功能就是激励学生、鼓舞学生、夸奖学生，不加吝啬地对学生进行表扬。好学生是表扬出来的。如学生回答不出问题时，教师可以说："你行的，再好好想想！"遇到不愿意回答的学生，不妨满怀期待地说："你先试试，轻轻地说给老师听听。我就知道你能行。这不，说得多好啊！"鼓励回答得好的学生，可以说："不错，继续努力！"要多发现学生的闪光点，多进行正面引导。学生在受到教师的夸奖后，会给我们带来意想不到的惊喜。

激发学生学习兴趣，教师应该有常挂在脸上的微笑。微笑在人际关系中极其重要，在教育教学中更是如此。我们对学生微笑，学生也就会微笑着面对生活。学生是敏感的，容易受教师情绪影响，而情绪又是由表情所传达的。教师暖暖的微笑，传递给学生的是一个好的心情，学生可以从中感受到轻松，感受到愉悦，就如同春风拂在脸上。这样就为学生的学习创造了一个轻松而又和谐的氛围，使学生从中感受到老师的信任，产生积极向上的情感体验，将更加自信、自主地学习和发挥。

激发学生学习兴趣，教师应该有渊博的学识。董卿在《诗词大会》上展现出深厚的文学知识功底，令全国观众为之折服。同样教师也需要拥有渊博的知识才能展现出迷人的风采。在学生心中，教师应该是无所不知的，是可以解答许多问题的。现实生活中那些有着渊博知识的教师总是深受学生的喜爱。课堂上侃侃而谈，信手拈来；解答问题，轻松睿智；还有漂亮的板书、流利的普通话、动听的歌喉、传神的绘画、优美的舞蹈等。这些都会影响学生，让学生喜欢上老师，从而激发学生学习的兴趣。

激发学生学习兴趣，教师应该有发自内心的仁爱。学校是学生成长的神圣殿堂，教师面对的是一个个个性迥异的学生，面对的是一个个活泼的生命。教师的工作是"生命在场"，是教心，是让心与心渐渐地靠近，是让情与情默默地对流，是让一颗心去感受另一颗心的跳动，是让一种爱去与另一种爱共鸣。因此，教师必须拥有一颗仁爱之心。教师只有拥有了仁爱之心，真正关爱学生、尊重学生，让学生沐浴在爱的光辉中，才能在学生内心深处播下爱的种子，才能激发学生学习的兴趣。

歌德说："兴趣比智力更重要。"所以，我们要在教学实践中不断探索、探究，创设一个有利于张扬学生个性的环境，激发学生的学习兴趣，让学生的个性在宽松、愉悦、自然的氛围中得到发展，展现生命的活力。

要会写，得先会读

与朋友聊天谈起其孩子的学习，说到写作文。孩子上四年级时，提起笔来，总觉得自己无事可写。好不容易写好了，让孩子自己念自己写的作文，孩子怎么也不肯张口。上六年级后，每写好一篇文章就会先念给父母听，有时念着念着，觉得哪些句子不合适，还会停下来修改了再念。

孩子的变化，告诉了我们，会写文章要先学会"读"。朗读是欣赏文字的方式，也是学习知识的重要手段。小时候上学时，我的老师总是让我们大声地读古书，并且在我们读的时候他也会捧起古书来大声诵读。为何要读出声来呢？老师说："古书没有标点，只有读出声来，才能感受文章的美。"古人一向称看书为读书，民间把上学叫念书，都是说书不光要用眼睛看，而且要大声读出来。

曾国藩在《家训》里说过一段话："凡作诗最宜讲究声调，须熟读五古七古各数十篇。先之以高声朗诵，以昌其气；继之以密咏恬吟，以玩其味。二者并进，使古人之声调拂拂然若与我喉舌相习，则下笔时，必有句调凑赴腕下。诗成自读之，亦自觉琅琅可诵引出一种兴会来。"从这段话看，可知气与声调有关，而声调又与喉舌运动有关。韩愈也说过："气盛则言之短长与声之高下者皆宜。"声本于气，所以想得古人之气，不得不求之于声，求之于声，即不能不朗诵，朗读方能培养语感。

所以古人教人写作尤其重朗读。因为入情入境地朗读、从语言文字中展开想象、在想象中感悟语言，能培养学生的语感。有了语感自然也就会运用语言。写到这里，就想到我前些时写演讲稿。语言运用得好还是差，对演讲稿影响极大。所以每每动笔，我的语句便不是平常的文字，而是自己在心中默念的句子。演讲稿写成之后，我通常会先自己试讲并进行检查。而在试讲的过程中，语句是否通顺，语句是否有节奏感，是否有号召力，自然就知道了。凡是讲不顺口（如句子过长）之处，就要重新修改与调整。

在现今的中小学语文教学中，很多教师只注重文本的教学，专注字词的学习，专注对课文内容的分析，并用大量的练习取代了学生的读书，用大量的讲解取代了学生的思考，已很少听到师生像样地朗读，甚至很少听到学生读起来，无疑这是在舍本逐末。语文课程是一个什么课程？是学习运用语言的课程。简单说就是六个字：学语言，用语言。"用语言"就是指"听、说、读、写"。"用"不仅是表达（说和写），也包括听和读。如果学生能够正确、流利、有感情地把一篇课文朗读下来，课文中的规范语言基本上就属于他了。特级教师于永正说："我对朗读几乎到了迷信的地步。我备课必先备朗读，上课必定朗读。窃以为，学生把课文朗读好了，什么语言呀，情感呀，理解呀，语感呀，表达呀……都有了。"可见朗读也是一种潜移默化的语感训练。学生可以对文中所涉及的语音、词语、文字等进行品味与琢磨。同时恰当地掌握语速的缓急和语气的轻重，做到声情并茂、声音响亮、抑扬顿挫，则会将学生自身的情感融入文章，大大提高学生的语感。而学生有了语感，自然也就会写了。因此，教师在课堂上要让学生读起来，如于永正先生一样："教低年级，多是我先读；到了中高年级，一般情况下先让学生尝试读，然后再范读。文学性课文全文范读，其他文体的课文，有的读全文，有的读其中一部分。低年级不但范读，还领读——我读一句学生跟着读一句，我读一段，学生跟着读一段，让学生一开始就走'正路'"。

我们也欣喜地看到中央电视台《朗读者》节目以清新淡雅的方式，让朗读重新进入人们的生活。

朗读是那么美好，所以让我们大声地朗读起来吧。

第三篇

以阅读丰富课堂

3

"嗝嗝"有格

——《嗝嗝老师》观后感

印度电影《嗝嗝老师》是一部与《放牛班的春天》相似的教育影片。剧情十分简单，讲述了患有图雷特综合征的女主角奈娜，因为不停地打嗝从小被同学嫌弃，长大后经过无数次面试失败后，终于成为一位中学教师。她被指派到虽然只有14名学生，但却如"放牛班"一样的9F班教课。奈娜面对自身身体的不适、同事的排挤、学生的捉弄，没有放弃。用自己的爱与执着，让9F班的14名学生考试全部及格，而且其中还有一人取得全校第一的好成绩。

整个影片时长近120分钟，故事情节很简单，却让人一次次被感动。我们从她与9F班学生共同成长的故事中，看到了一位教师的大格局。

一、有格局，就是尊重与理解

9F班的14名贫困生原本在免费的公立学校上学，但因土地租用等一些政府与学校之间的合作关系的问题，圣蒂克学校才接收了他们，并心存偏见地将他们编为9F班。这个班曾在7个月内换了8位老师。这群孩子经常游荡在街道上卖菜、打架、赌博。他们接受着与生俱来的不公，他们与这个社会好像隔着一堵墙。于是，他们自暴自弃，报复的心态使他们在学校以叛逆为乐，如拿老师的疾病进行嘲笑，搞各种令人咬牙切齿的恶作剧等。

面对这群坏学生，奈娜不离不弃。她始终认为："他们就是一群孩子，还能够有多糟糕。"第一次进教室点名，学生模仿她的打嗝声，取笑她，她却因势利导说："你们对我的病比点名更感兴趣，我们不妨了解一下。"学生在教室里制造爆炸恐吓她，她却在校长面前说是自己带孩子实验而不小心造成的；学校要开除他们，她却认为这些孩子只是需要一些时间和努力；听说学生考试作弊，学校认为这些孩子完全不可救药，她却说："无论9F班发生什么，我始终是他们的老师，他们是我的学生。"她为孩子在校长面前求情，终于争得考试的机会。

她对学生的尊重、理解与包容，来自她曾经在这所学校读书时，可汗校长对她的尊重与理解。奈娜在圣蒂克学校读书时，所有人都嫌弃嘲笑她。在一次全体师生参加的大会上，可汗校长却让她走上台来，并认真地告诉她："我们会像对待其他学生那样对待你！"可汗校长的尊重、理解与激励像一束光、一只火种，陪伴奈娜一生。因此，她要去点亮更多孩子的灵魂。

二、有格局，就是关爱与智慧

面对这样的一群学生，奈娜除了包容之外，更多的是唤醒他们。学生免予开除回到教室，她先用一整支粉笔在黑板上快速画出一条长长的线，粉笔与黑板摩擦之声让学生觉得特别刺耳。之后，她折断粉笔再画线，声音就不刺耳了。她以此告诉学生，人生如粉笔一样，只要做出一点儿小小的改变，人生就不一样。

家访之后，她把学生带到楼顶，让大家跟学生拉文德一起算赌博账。当别人还在冥思苦想之时，拉文德却能脱口报出结果。一笔赌账让大家发现了拉文德的天赋禀异，也让学生发现了每个人都有自己的长处，更让学生看到了希望。之后，她又让学生用10分钟的时间把自己最害怕、最讨厌的事写在一张纸上，折成纸飞机放飞。并告诉学生，他们的生活停留在写满恐惧的这一页，如果能忍受它们、忘掉它们，就会让它成为飞翔的动力。

奈娜知道，一般的教师只是传授知识，优秀的教师却教人理解，更优秀的教师会告诉学生如何运用知识。因此，她将课堂搬到教室之外，点一个名字扔一个鸡蛋,让那些学生兴趣大增。接到鸡蛋的学生,她表扬他们没有学方程式却懂得抛物线,是数学家。没接到鸡蛋的学生,躲过了,她又告诉学生牛顿定律。她让学生给篮球称重,把篮球带到高处让其自由落下,教学生学习物理知识。她带学生用啤酒做化学实验等。将那些枯燥的数学、物理、化学知识,用喜闻乐见、浅显易懂的方法,让学生自己去体验去学习。9F班的学生因此学得更开心、更能学以致用。

三、有格局,就是执着与坚持

奈娜的先天疾病——图雷特综合征,是一种神经系统疾病。因为神经信号传递异常,无法控制抽搐,会时不时发出"嗝嗝"的声音。不论是患者自身还是其家人,无时无刻不承受着来自外界的异样眼光和不绝于耳的嘲笑声。她因此12次被拒绝当学生,18次被拒绝当老师,后来虽被她的母校接纳了却也是一种带有偏见的接纳。但她却始终坚持当老师的初心。进入班级,学生一次一次的恶作剧,令人发指,但她从不放弃。即便被学生气倒在角落里瑟瑟发抖到哭,她也依然坚信"没有坏的学生",坚信老师能激励学生的成长。因此愿意承担所有的风险,愿意一次次为学生担责、求情。因为她的永不放弃,她的执着努力,她成为学生心中的"北极星""灯塔"。她让这些学生看到了生活的方向与希望,在学生心中播撒下了一片阳光,并改变了这些学生的命运。

正如影片中所言,图雷特综合征虽影响了奈娜的表达,但并不会影响她的智力。影响奈娜的不是图雷特综合征,而是她看待人生的方式。一个人只要用心去做,那么生活中的每个梦想都会成真。

把握教育的节奏

——《教育的目的》读后感

《教育的目的》是英国数学家、哲学家、教育理论家怀特海的教育代表作。其深刻的教育思想闪耀着不朽的智慧光芒，得到了广泛认可，影响深远。《教育的目的》篇幅很短，全书仅七章。分别是教育的目的、教育的节奏、自由和训练的节奏、技术教育及其与科学和文学的关系、古典文化在教育中的地位、数学课程和大学及其作用。

读完这本书，想起了另一本书，美国丹尼尔的《教育为何是无用的》。他在书中说，教育无用，是因为它让我们脱离实用性、脱离理想，让我们丢失人性以外的东西，让我们的心变得麻木，让我们的身体变得虚弱，让我们置身于现实之外，让我们成为"书呆子"……

他说的这些现象，在我们现行的教育中，依然存在。造成的原因是什么呢？怀特海说，"教育是在与人的思想打交道，而不是与没有生命的物质打交道""学生是有血有肉的人，教育的目的是为了激发和引导他们的自我发展"。

既然是面对有血、有肉、有思想的生命，就得敬畏生命，遵从生命成长的规律，在不同的阶段采用不同的方法。综合学生的智力、兴趣、情感、个性、心理、经历多种因素，使学生具有活跃的思维。因此，我们应该把握好教育的节奏。

激发兴趣而不是逼着孩子学习。兴趣是学生的第一任老师，没有兴趣就没有快乐。强按牛头喝水只会适得其反。电影《摔跤吧！爸爸》里有一个片段：吉塔姐妹学摔跤，极不情愿，充满怒气。当父亲把她们秀丽的长发剪成男孩子一样的短发时，她们便开始了反抗。她们毁坏了父亲训练用的器材、闹钟，故意弄炸训练场上的灯泡，还经常以受伤为借口，不专心训练。教师要用常挂在嘴边的表扬、常扬在脸上的微笑和发自内心的仁爱来激发学生，学生才会快乐地学习，在快乐中追求个性的发展。

静待花开而不应催着学生学习。怀特海将学生的成长过程命名为"浪漫阶段""精确阶段""综合运用阶段"。智力的发展在这三个阶段都存在，不同阶段学生的认知水平是不一样的。教育的艺术就是一个慢的艺术，教育是需要在细节上耐心又耐心的，功利性思想、操之过急、拔苗助长都是不行的。现在的家长普遍都有一种功利思想，当孩子某一次考试成绩不理想时，便四处问"医"，访名师，向成绩好的学生学习秘诀，以为学习如看病，找到一个名师，求到一个好方子就会立竿见影。朋友的孩子期中考试时，语文阅读分数不高，问我怎么办，让我出个对策。我了解到这个孩子非常爱看书之后，告诉他，只要爱阅读，成绩就不会差的。试卷题目是标准答案，孩子此时的思维方式是独特的，应该呵护。所以只要给他时间，他将来就一定会优秀的。

引导成长而不是灌输知识。学生是学习过程中的主体，让学生学会自我教育才是最好的教育。学习过程中，教师不能占支配地位，因为每名学生都有自己的想法，他们有能力在学习过程中创造新的东西。教师一味地让学生死记硬背，一味地讲解，限制学生的想法，只会让教育失去意义。学生不是机器，你不可能把你的知识机械式地塞给他们。老师讲一百遍不如学生自己实践一次。学生是有自己的想法的，通过自己的思考，得到问题的答案，这样学生才会具有活跃的思维。

爱因斯坦说："当你把受过的教育都忘记了，剩下的就是教育了。"因此，教师只有激活学生对于生活的灵感，让其感悟和创造，学生才能更好地迎接新时代，创造新时代。

不试一下，怎么知道行不行

——读《摆渡人》之体会

读完克莱尔·麦克福尔的《摆渡人》，被一句话深深地打动："她长途跋涉一路走来只为了这个机会，现在她不能回头，不能连试都不试一下就回去。"

她是小说中的主人公——15岁的单亲女孩迪伦。她在寻找生父时遭遇车祸。迪伦的灵魂在她的摆渡人崔斯坦的引领下穿越荒原，越过分界线，到达天堂。迪伦并不十分向往天堂，她发现，这里终将不会有崔斯坦的到来，她觉得再华美的生活，也抵不过崔斯坦一个温暖的微笑。没有爱情的人生，不过是一座孤独的荒岛，有他的地方才是天堂。为了再次拥有与崔斯坦在一起时"被他亲吻、被他拥紧时那炽热的感觉"，她决定重新穿过荒原。此刻，"她仿佛看到自己在山谷里择路而行。她也想到了殷红色的地面，如烈焰燃烧般赤红的天空，但这些恐怖的画面都不能让她动摇，她的决心坚如磐石。她要试一试"。迪伦打开了天堂之门，重回险象环生的荒原，找到了崔斯坦，并带领崔斯坦重新回到那列火车上，重新变回了正常人。

迪伦从在得知自己的死亡真相时悲伤不已，在面对恶魔的攻击时恐惧无力这样的人，变成一个因为爱而坚信"不能连试都不试一下就回去"的坚强的人，从而逃离天堂，战胜恶魔。为自己推开了一扇幸福之门，也将崔斯坦带领到一个崭新的世界。

看完小说，我想到了《小马过河》的故事：

有一天，妈妈让小马把一袋粮食送到河对岸的村子里去。可是河上没有桥，小马只能自己蹚过去，可又不知道河水有多深。犹豫中的小马就去问正在不远处吃草的牛伯伯。牛伯伯说水才到他的小腿，可以过去。他刚一迈腿，忽然听见小松鼠说，这河很深，前两天他的一个伙伴就被河水卷走了。小马一听没了主意，回去找来妈妈。妈妈让小马自己去试探一下河水有多深。小马小心地试探着，一步一步地蹚过了河。噢，小马明白了，河水既没有牛伯伯说的那么浅，也没有小松鼠说的那么深。凡事只有自己亲自试过才知道。

不试一下，就不会知道行不行。你喜欢上一个人时，如果你没有试着表达出你的心意，怎么知道他（她）是否喜欢你呢？当有一份工作摆在你面前时，如果你没有去试一下，怎么会知道你能不能胜任呢？当培训过后，如果你没有去试一下，怎么知道培训的方法能不能在你这儿行得通呢？同样，如果不去旅游景点，就不会知道那里风景到底有多美；不放开嗓子，就学不会唱歌；不扭动身姿，就学不会舞蹈；不拿起笔，就不会写好字；不把自己的所行所思写出来，就永远不会有自己的文章。不尝试，就不知道世界有多大、有多精彩。道理很简单，可为什么很多人就是没有去试一下呢？《摆渡人》中的一些话或许能给我们一些启示：

崔斯坦说："我没办法进到你的世界，你不属于这里。除了这里，我不属于任何地方。"

德国士兵乔纳斯的灵魂说："你不可能回去的。"好像这个答案是无比正确、天经地义的。"我不知道他们是怎么回去的，但是我知道回去就等于自杀。"

崔斯坦、乔纳斯对现实的理解是天经地义、安于现实。所以他们认为挑战现实便等于"自杀"。正如年纪最大的灵魂伊莱扎所说："不是这个地方不让他们走，而是这些灵魂自己束缚了自己。""他们想离开，但他们更怕遭受折磨。在他们的内心深处，他们知道再次穿越荒原会遭受折磨。他们只是不敢冒风险。"

胡适有一句名言："自古成功在尝试。"可能，还是不可能，不要主观想象，要试一试。别人认为不可能的事，也许并不完全不可能，只要你敢于尝试，也许就有了不可能的可能。要相信奇迹会发生，相信自己一定能行。龙清泉在里约奥运会上，面对170公斤的杠铃，一个他从未举起过的重量，如果不试一试，不勇敢地去挑战拼搏，他又怎能实现他的奥运金牌梦，打破纪录？居里夫人经过三年零九个月一次又一次的尝试，才从成吨的矿渣中提炼出了0.1克镭。在这0.1克镭的美丽的淡蓝色荧光中，融入了一个女子不屈的信念。居里夫人的美名，从她发现镭那一刻起便流传于世了。

卢梭说："人生而自由，却无所不在枷锁之中。欲打破缠绕身心的诸多枷锁，不能一味指望别人，而要看自我是否拥有足够的打破枷锁，赢得解放的力量。"迪伦用生命与灵魂的不懈追求告诉我们：禁锢我们的从来都不是有形的枷锁或隔门，而是来自我们心底的怯懦，对未知世界的恐惧与担忧。你的信念决定自己的人生，只有无所畏惧的自由灵魂，才能抵达美好的彼岸，只有敢于尝试寒冬的刺骨，才会迎来春天的温暖。

但留一点儿禅心

——读《诗里特别有禅》有感

禅是什么？印象中就是指佛教。记得几年前上九华山，一进寺院随处可见写在墙上的大大的"禅"字。禅是什么呢？

那次是跟一位信佛的弟子一起去的，因而有幸在寺院吃，在寺院里住，并接触了各个层次的佛家弟子。一般佛家弟子眼里的禅就是佛，佛都是无所不能的，如佛法无边的如来、观音等。一位在此修行的佛学院弟子则告诉我，禅是一种哲学。在当时听起来也是云山雾罩，不知所云。印象最深的是清晨起来，寺院里钟磬之声袅袅，僧人唱经之声优美动听。更有那香炉里的檀香浸染整个寺院，置身于此，让人顿觉空灵而静谧。"禅房花木深"之意境油然而生，心灵在那一刻便得以放松。想来禅境、禅心就是如此吧。

骆玉明教授的《诗里特别有禅》中说，"禅"在广义上是指各种与佛教有关的事物，狭义上是指佛教的一个特殊分支——禅宗。禅宗不依赖经典，不立文字，所以称为"宗"，其妙就是"拈花微笑"那样的诗意，就是"采菊东篱下，悠然见南山"那样的一种恬静，就是"行到水穷处，坐看云起时"那样的一种空灵。骆教授以诗解禅，诗里有禅。禅就是一种朴素自然、平实真切的体验，一种生命形态。

然而，在现代社会，随着生活节奏的加快，个体意识的增强，人的欲望不断增加，迷乱也随之而增加。"一波才动万波随。""既自以心为形役，奚惆怅而独悲。"也许是金榜题名，财运亨通，人人簇拥；也许是事业受阻，遭人误解，心灰意冷；也许是周围之人或事，让你愤愤难平。当这些来临之时，它也一定会拿走你生命中另外的一些东西，或是悠闲，或是尊严。

因而，我们没有空闲停下来看路边那一株小草，不知它什么时候吐出的新绿；没有空闲看雨后花丛中那晶莹的水珠在阳光下如玉般剔透；没有空闲看那蓝天上朵朵白云的变化；也没有空闲在你居住的小区里的亭子里静静地坐上几分钟，或是到美丽的公园闲适地走一走；更没有空闲体会清晨空气的清新和黄昏时的宁静。

马口湖山庄，很多人去过很多次。都说那里很普通，只不过是一个依湖而建的小小的农家乐罢了。湖也很普通，在哪里都能见到的那种，没什么特点。这样的一个地方，果真就没什么美吗？那次我们学校写作坊的同事一起在那吃饭后，我静静地坐在湖边的亭子里，静静地看微风吹过时，湖面上漾起一圈圈圆晕。在阳光下，半湖青蓝半湖银。我一边听着湖水轻轻地拍打着湖岸，听着婉转的鸟语；一边静静地回味刚刚一起行走在马口湖农庄园林水榭间的情景。欣赏着清亮的喷泉、大红的灯笼、绚丽的春花，品尝着地道的农家菜。山之形、水之色、花之艳，伴随清新的空气，鸟语虫鸣，尽数入眼、入耳、入心……完全远离工作的紧张和城市的喧嚣，那一刻顿觉得心灵如水一般清澈、放松、闲适。

美不是从天上掉下来的，它一半在物，一半在你。自然的美好是永远存在的。当我们静下来的时候，禅心便会如水一般丰盈、润泽。而那份诗意就会在眼中、心里、笔下活跃起来，流动起来。

就拿教师而言，在平常的闲聊和网上的议论中，经常可以听到同事们的抱怨。有的说教师生活平淡，和学生一起按时上下学；有的说教师生活太机械，备、教、批、辅、考，天天如此；也有的说教师生活太烦琐，作业批改单调无趣，没有成就感。其实，教育的美就在平凡的教育生活之中。

教师的生活是与学生紧紧连在一起的，成全我们教师人生的，正是让我们日日或喜或忧的学生。我们是在教学生，可我们在履行自己那份职责的同时，也是在不断发现自己、反思自己、悦纳自己。让学生成长的同时，我们也成就了自己。

　　每个生命都是非常宝贵的，每个生命都蕴含无限的潜能。有的喜欢阅读，有的喜欢画画，有的喜欢足球等，学生的成长是不一样的。教师的职责就是唤醒学生，静静地让他们自由地成长，成为学生自己；就是让自己也永葆那颗童心，和学生处在同一频道，更好地陪伴学生成长。

　　如果我们保持一颗禅心，保持一颗平常心，保持内心的纯净，消弭固执和对立，消弭贪欲和妄念，消弭紧张和焦虑，便能以空灵玄妙的智慧、朴素自然的心情、随缘自适的态度，求得属于我们自己的完美生命。

教师的角色

——读《教师的挑战》之体会

当今学校课堂中都在进行着一场"宁静的革命"。课堂都在从"教授的场所"转换为"学习的场所";都在从以"目标—达成—评价"的程序型课程转变为以"主题—探究—表现"为单位的项目型课程;都在从班级授课模式转向合作学习的模式。因此,这就要求教师改变教学方式,从"'懒'老师""大朋友""主持人"这三个角色进行定位,将教学时间还给学生,构建一个"宁静"的课堂,让学生简简单单学语文。

一、"懒"老师

"懒"老师是指教师放手,将课堂真正交给学生。

学习首先是学生的学。所以我们要引导教师不要讲的太多,要让学生自己去学习,让学生成为学习的主人。例如,在语文教学中,导读和整体识字课上,学生有不认识的字,有不理解的词,教师都可以"懒"一些、"笨"一些,都可以"不知道",让学生自己去查字典,或是和学生一起去查。在"主题探究""展示交流"活动中,可以让学生把自己读书的收获或者疑问先在小组内交流,然后每个小组派代表进行全班内交流。关于疑难点,在小组内能解决的,就不再在全班交流;小组不能解决的,就展示在全班同学面前,共同攻克难关。

如一位教师在教《地震中的父与子》这篇课文时，首先，让学生根据学案自学。其次，让学生在小组中交流汇报自学收获，且只围绕两个问题进行讨论：①有感情地朗读，说说这是一对什么样的父与子；②课文哪些地方最让你感动？学生便在学习时按照自己的方式，或读，或在书上圈划，或相互交流，反复同教材展开对话。学生的创造力是无限的，每个小组代表带着自己的任务上来交流的方式是多种多样的。有的小组代表诵读感悟最深的句子，谈自己的体会；有的小组向别的小组挑战谁的体会最多……学生的认知不同，在交流展示环节出现的问题也多种多样。教师在课堂上从字斟句酌地讲解和对学生永无休止的片段训练中走出来，就会有更多时间用心倾听学生与课文的对话，关注那些学生在对话中触发的思想，并适时地进行点拨引导，让学生通过对精品文章的学习，掌握学习的方法。当教师把阅读带进课堂，把本应属于学生的自由阅读权重新还给学生的时候，学生的能力就在我们的"放"中得到了锻炼。审美素养和能力也由此得到了提升。学生读书的胃口被调动起来了，语文课就变得简简单单，而学生也学得轻轻松松了。

二、大朋友

大朋友是指教师在课堂要做学生的朋友，尊重和信任学生。

语文课包括语言的品味与揣摩，情感意蕴的探究，表现手法的鉴赏，主题写作的指导，专题活动的展示等教学环节。而"展示交流"是贯穿始终的学习方式。这种方式对课堂教学效果的影响是否有效，比其他方式更加明显。学生在自主阅读，课文品读的基础上，将精读感悟的收获在班级进行展示交流，可以加深学生的体会，解决困惑。教师要相信学生的每一个发言都是精彩的。教师要在教学中把自己作为学生的大朋友，尊重每一名学生，细致地注意每一名学生的态度，耐心等待、用心倾听每一名学生的发言与交流。全国优秀教师华应龙在讲课时，当学生进行小组讨论时，他经常穿梭在各个小组间，俯下身子倾听学生的讨论。时而为学生竖起大拇指，时而笑，时而给予回应。他用这种方式表达了自己对学生学习中的微小发现的尊重，强化了学生探究学习的积极性，增强了学生主动学习的意识。

教师一般会对那些表现好、达到自己学习要求的学生给予关注和信任。每个人都有自己的喜好，那些能够不受这些喜好影响的人才是学生学习和成长的良师。因此，对待那些"不好的""不能的"学生时，教师更应给予体贴入微的关照，呵护他们努力想要表达的愿望，关注他们"不懂的""奇趣"的发言。完整地接纳每一个学生的想法，"静待花开"。只有这样，才能在语文教学中创生出新的境界——学生潜心地阅读、静心地思考、轻松地参与、自由地交流。学生的阅读兴趣被激发出来了，他们的语文素养自然也就得到了提升。

三、主持人

主持人是指教师在学生学习活动中做好"串联"。"串联"是教学的核心。

现在的语文教材都是以单元进行编写的。教师可以教材中某一个单元的主题为出发点，或以其中一篇课文为出发点，充分发挥其"例子"作用。从作者、体裁、内容、情感、写法等角度，做相关、相近、相反的延展链接，构建新的课程资源，如四年级上册语文第一单元是描写美景的，第二单元是关于认真观察的，第三单元是童话等等。因此，课堂上教师的活动，就是"串联"的活动，如山东的李红霞老师在教《中国的月亮》一课时，从出示夜空中一轮明月的画面，音乐响起导入，围绕"语言文字中的月亮""意象中的月亮""中国人心中的月亮"等进行一个"大串联"。学生浸润在月亮的文化中，感受月亮文化的神韵。

教师既可以把与单元主题相关的材料串联起来，也可以把学生过去所学的知识与现在所学的知识串联起来；既可以把一种知识与别的知识串联起来，也可以把课堂知识与社会知识串联起来；既可以把教材与学生串联起来，也可以把学生与学生串联起来。

"宁静的革命"，首先应该是教师的革命。教师要找准自己在课堂中的角色定位，成为学生学习的设计师或促进者，让学生在课堂中潜心阅读，在书海中快乐地遨游。那样我们的课堂才会焕发生命的活力，绽放思维的火花。

凝心聚力，构筑"同僚性"

——读《学校的挑战》有感

时逢春节，我在享受亲友聚会的温馨之时，也在读着佐藤学教授的第二本专著《学校的挑战》。刚读这本书，看到学校改革面临的巨大挑战，一度让我后怕，一度将书丢下，不想再去看。坚持看完第二部分，感受着不同学校在构建共同体时的困难与坚持，分享着他们在构建共同体时的成功，渐渐对如何构建共同体，有了一个清晰的认识，那就是学校只能从内部进行改革。学校从内部进行改革的最大动力就是基于校本研修，教师之间构筑起相互学习、彼此合作的"同僚性"。

校本研修的目的是什么呢？是上好课？不是的。学校的目的和教师的责任在于保障每一名学生学习的权利得以实现，保障每一位教师作为专家成长的机会。这与我们在平时教学工作中所进行的校本研修有什么区别呢？

我们现在普遍进行的教学研修主要是研修什么呢？其重点又是什么呢？我们常常看到的是一位年轻教师上课，然后大家评头论足，指出其教学方法或是教学设计的不足。参与交流的人如果不能说出一点不足，似乎就不能体现他的用心，他的水平。听一位骨干教师上一节示范课，然后人人都要说出这节课的优点，如果不能说出一点儿优点，似乎也不能体现自己的水平。我们研修的重点是在教师的"教"，是在关注"上得好与不好"，而从未提到过学生的

"学"。我们的研修重在课前，而课后的"研"常常流于形式。参与交流的往往是一两个"专家"式的教师。他们或在"海阔天空"，或在为这节课如何设计进行定调。其他的教师自然就只能静静地听。有的不愿听，就去玩玩手机，或是干点儿别的事。如果实在让其发言，就说上一句"我想说的，别人都说了"。所以，我们的研修是以"评"代"研"，是形式，没有同伴间的真诚学习与帮助。记得我们学校上次在开展语文主题学习活动时，第一周让每组安排一位教师上一节课。第二周安排另一位教师就上次讲课教师的课进行说课……第四周再安排六位"骨干教师"进行评课。集中讲、集中说、集中评，讲与评分开，时间跨度长。纵观整个活动，听课时，教师还算比较专注；说课、评课时，台上在讲，台下则难有几人在听了。而"评"的也主要是教师如何设计教学的，哪里教得好，哪里设计精巧，更多的也是说优点。

佐藤学教授倡导的研修与我们的"评"相比，有以下不同：一是校本研修方式不同。所有教师每年至少需要上一次公开课，积累课例研究实验。运用录像展开教学研修，课后研修时间多于课前准备时间。二是校本研修原则不同。所有研讨内容是基于课堂的事实，不是讨论教师"如何教"，不是讨论教师教学方法哪里运用得好，而是关注学生学习的成功之处与失败之处。所有的观摩者不是对"执教者"建言，而重在交流听完这节课之后学到了什么。

两者相比，就不难发现，校本研修是激活不同教师的多元声音，保障每一位教师坦率真诚地、感同身受地交流；校本研修是基于学生的学习及课堂的事实进行细致观察后的交流，应该着力于学习；校本研修忠实于每一名学生的学习，忠实于教材的发展性，忠实于教师的个性。

有 "rong" 乃大

——读《教师的挑战》体会

打开《教师的挑战》，佐藤学教授的观点便如花一样静静地绽放。跟随佐藤学教授的指引，我走进了日本的教室，走近滨野、八木、涩谷、山崎等日本教师。他们在娴熟的师生关系之中，相互倾听彼此心声，细致交流每一个细腻的思考，让我感受到他们的那种教学与我们的华而不实的教学的不同；感受他们那种返璞归真的教学，让我明白了课堂中的"宁静的革命"，体会到它给我们每一个中国教育人带来的挑战。

细细地品读每一节课堂中学生的探究、合作，静静地感受每一位教师的串联。感受他们的课堂，感觉他们的教师体现了一个"rong"。"rong"代表三个字：荣、容、融。

一、荣，让学生自信、自我、快乐

构建合作学习的课堂，使学校成为学习共同体，这是教师们的共同愿望。这是在学校与现实课堂中实现民主的挑战，这是在教学中确立儿童尊严的挑战，这是保障每一个人学习权利的挑战。他们的课堂改变了学生越上学越丧失学习乐趣的现象。滨野老师相信"任何一个儿童的发言都是精彩的"。胜沼老师每次走近一名学生都用同等高度的视线倾听学生的发言。苜野老师以给予学生回应的方式，赢得了学生的信任，从而增强了学生的自信心，让学生在课堂中能找到自我，认真思考，快乐地学习。

二、容，包容接纳每一名学生

课堂就是一个"生态圈"，教师、学生以及他们的思维意识就是这个"生态圈"的重要构件。这个"生态圈"不是孤立的、静止的，而是始终处于动态发展中的。要想使这个"生态圈"和谐，教师要做的有三点：其一是要尊重学生作为生命个体的独特性，包括他们的行为方式、外表衣着等；其二是尊重课堂中学生学习方式和方法的多样性；其三是追求具有较高品质的精神"生态圈"。寻求师生间、生生间的和谐，促进学生的最佳发展。滨野老师默默观察做作业时的学生，鼓励那些情绪焦虑的学生"画一条线也行"。对需要帮助的学生给予体贴入微的关照，是一种包容。课堂上本来花3分钟的时间能解决的问题却因为健治的不懂，小林老师花了20分钟，这也是一种包容。教师在课堂上的包容是对所有学生的发言都给予期待，是对每一个学习个体的尊严都充分尊重。在这样的课堂中学生才能轻松自如地参与，自由地交流。

三、融，融合、串联

学生的学习是由三种对话——同客观世界的对话，同伙伴的对话，同自己的对话的实践构成的。教师在课堂上要诚实地面对每一名学生，诚实地面对教材。将教材与学生串联，把一名学生同其他学生串联，把一种知识同别种知识串联，把昨天所学同今日的学习串联，把课堂所学与社会知识串联，实现课堂上各种因素的有机整合。串联是教学中教师的主要活动。滨野老师在一名学生的发言没得到充分理解，其他学生不能充分分享时，会细心地提示"某某同学说了……"从而引发其他学生的注意，这是在将学生与学生串联融合。教师在课堂中认真倾听也是一种融合。倾听是教学活动的核心，只有倾听才能形成轻松的语言环境。

"海纳百川，有容乃大"。尊重、信赖、不折不扣地接纳每一位学生，是一切教学的核心。教师只有公平对待每一位学生，接受学生的多样性和创造性，才能真正地实现课堂的"宁静"，才能真正将教室由教授的场所变为学习的场所，才能培养出符合21世纪社会需求的人才。

以爱点燃希望

——读《希望教室》有感

如果说读日本佐藤学教授的《学校的挑战》与《教师的挑战》，为我指明了教育的希望，那么读我国台湾苏明进老师的《希望教室》，则是让我明白了怎样才能一步步地实现愿望。

苏明进老师的《希望教室》，以博客形式记录了他在小学教学中的点滴心得体会。包括他是如何与学生、家长平等进行对话、坦诚交流的；如何因材施教、有教无类；如何呵护学生精神世界的成长的。读他的文章，顿觉眼前一亮，宛如一道璀璨的星光划过太空。一个个成长的小故事，说明教育在教室里，在大自然中，在对人的真心关怀里，在情感的宣泄中……一个个小故事更是承载了他对学生的爱。他用全部的爱诠释了什么是教育。

苏老师是有大爱的。他知道学生的培养重在品行的培养。所以，他让学生学会有礼貌，学会与他人沟通，学会诚实，学会体贴父母，学会尊重生命。所以，他无私地为学生默默奉献。休息时间，他带着学生去旅行；下班后，他帮助那些数学成绩不好的学生补习功课。他尊重学生内心真实的体验，能够与学生像朋友一样相处。所以学生也亲切地称他为"老苏"。进语音教室，抢着给"老苏"换拖鞋，经常对"老苏"说："老苏，我们爱你！"

苏老师是有智慧的。他知道学生品行的形成，重在他自身的感受，重在他内心的体验。为了让学生懂得感恩，他让学生在腹部背上重重的书包，撑上一整天，模仿母亲怀胎十月的辛苦；为了让学生贴近父母，他让学生回家为妈妈洗脚，并且先让学生在学校和同学实习如何洗脚；为了让学生增强对残疾人的同情心，他让学生彼此将对方的双手绑在身后进行写字、画画；为了扩展学生的生活经验，他带着学生自助旅行，由他们自行规划所预订的地点，规划自己的路线；为了让学生学会尊重生命，他让学生去养椿象、为流浪狗找幸福……所有的活动中，苏教师都注重让学生在活动中去感受、去体验。

苏老师是有心的。学生的每一点成长都在他的眼里，无论什么时候，无论开展什么活动，他都不忘用他手中的相机为学生留下生活中最真实的瞬间。学生内心的每点变化，他都了然于心。他坚持让学生在"家校联络簿"上写自己内心的感受，并及时查看。他能细微捕捉到学生的变化，并将之转化为教育契机，让学生养椿象即是一例。椿象本是校园里的一个极普通的，让学生感到恶心、害怕并要去踩死的小昆虫。但苏老师却以此为契机，开展为期近一年的活动，让学生明白了每个生命都有它存在的价值，学会尊重生命，从而学会与大自然共存。

"你对待孩子的方式，正决定孩子的未来。""老苏"在教育中对学生不露痕迹的思想教育，让学生发自内心地去学习做人的道理。"老苏"以负责任的"爱"的教育为学生点燃了心中的希望，让学生心中的梦如雨后彩虹般挂在天空。

做个有心人

——再读《希望教室》

苏明进老师的《希望教室》这本书我已经拜读过几次了，但似乎还不尽兴，一次次地翻阅，体会他在每项活动中的智慧，感受他在记录时的心情，也一次次地为他对学生的爱，对教育的激情而感动、而敬佩。

全国优秀教师高万祥说："它不仅适合教师阅读，也适合家长和孩子阅读。读一本好书，一生幸福，《希望教室》就是这样的一本书。"书中没有精辟的教育名言，没有华丽的辞藻，只是讲述了他在生活中、课堂中，如何以生动有趣的游戏和活动，自然而然教会孩子们36种能力与品格的过程。没有那么多的理论与解释，但看后如春风，让人觉得舒畅；如星光，让人眼前一亮，有一种想立刻在自己的班上试一试的冲动。

"生动的叙事背后，让我们看到他博大的爱心和精湛的教育技艺！"（全国十大明星校长卓立语）爱是唯一的源泉，苏老师相信每一个孩子都是天使。相信只要有心，尊重、理解儿童，就一定能给孩子一片希望。"世上无难事，只怕有心人。"做任何事情只要用心，即使成不了伟大的人物，至少也可以收获生活的快乐。

因为有心，班级里一件件平常的小事，在他眼中都是一个个教育契机。"拖地比赛"，他将拖地换了个方式而变得好玩；放学时的"猜拳游戏"，他让学生迅速站好队，快乐回家。学生送他一个"老苏记得每天都要微笑"的小卡片，他则在全班发起了一场"微笑运动"。因为学生的一次呕吐，老苏给每名学生发了个小卡片，引导学生贴心、善良。

因为有心，一样的活动能做出不一样的效果。三八妇女节，我们每个学校都会给学生布置一些如"给妈妈洗一次脚""捶一捶背""帮妈妈做一件家务事"等活动。我们每年都在做，收效如何？有没有真正达到教育意义呢？不得而知。苏老师的一系列感恩活动却是别具一格。三八妇女节开展"洗脚活动"。他先让学生在学校和同学实习如何洗脚，两人一组，一人洗，一人享受，然后交换，并提醒他们眼前的就是自己的父母，应该以一种恭敬的心去为对方服务。放学后，让学生回去实践。母亲节，他开展"大腹便便"活动，让学生一整天模仿孕妇的样子腹部背着一个约3公斤重的包袱上课、生活。学生刚开始是觉得好玩，当一整天的活动结束后，学生便真实地体会到母亲的不易，体会到自己要向母亲感恩，不让母亲操心。全国残疾日，他又别出心裁，让学生捆着双手去写字、去画画，从而让学生感受没有双手的不易，让学生懂得了对残疾人的同情。

因为"老苏"有心，所以能从一只小小的椿象中找到进行生命教育的最好素材。从一只流浪狗中找到激发学生爱心的点，并引发了对生命的思考。同时利用休息时间，带着学生去自助旅行，拓展生命体验，给学生上实习课。去捕捉学生一个个成长的瞬间，一个个成长的故事。

给学生一个舞台，他就能还你一个精彩；给学生一个空间，他就能为你创造无数辉煌。因为苏老师的有心，所以在"为父母洗脚"活动中，四五个孩子会把他拉过去"享受"，他午睡时会有学生"捐"薄被给他盖，他进语言教室时学生争着给他换拖鞋，放学时等在校门口向他说再见。

所以，只要我们愿意秉承一颗赤子之心，将自己扎根于教育的田园里，努力挑战自我，不断挖掘生活中、职业中的内在魅力，就一定会让每一个平凡的日子充满快乐，就一定会在教育中成长，收获教师生活的美丽与幸福。

"非同凡想"的乔布斯

——读《史蒂夫·乔布斯传》有感

美国《时代》杂志总编沃尔特·艾萨克森，用两年多的时间，与史蒂夫·乔布斯进行了40多次的面谈，并对乔布斯100多个家庭成员、朋友、同事和对手进行了采访后，推出《史蒂夫·乔布斯传》，让我们全面地认识了乔布斯。史蒂夫·乔布斯以炽热激越的性格成就了一个传奇，他追求完美和誓不罢休的激情让"苹果"影响了人们的生活。

一、非同凡想源于不断追求卓越

"非同凡想"是苹果的广告语，更是乔布斯产品与公司的坚定信念。将科技与人性完美结合，制造出不断革新、不断变化的伟大产品，以及建立一家有生命力的公司，始终是乔布斯前进的动力与追求。

追求完美。乔布斯从父亲身上学到，充满激情的工作就是要做到完美漂亮。他认为科技必定要与完美的设计、外观、精致、手感、人性化甚至浪漫结合在一起。Mac在设计时，其存储芯片的样子，线路位置，一般人觉得这些无足轻重，只要机器能运行起来就好，没人会看电路板的。但乔布斯总是从美学角度对它进行评判，他认为："我想要尽可能好看一点儿，就算它是在机箱里面的。就如优秀的木匠不会用劣质木板去做柜子背板，即使没人看到。"而且做好之后，乔布斯会将每个制作者的名字记录在电脑内部，让每个人都觉得"自己的成果都是艺术品"。

乔布斯对苹果的每一款产品都要求极致的完美。基于这样一种信念，他命令NEXT计算机必须是绝对完美的立方体，每条边都是1英尺长，每个角都是90度，并因此将电路板重新配置和安装；基于这样一种坚持，他将iPad改用纯净的白色，这也成为iPad的标志；基于这样一种执着，他将平板电脑的理念融入手机，将多点触控，金刚玻璃等技术有机融合，塑造iPhone这款革命性的产品；基于这样的一种意识，他对每一款产品的色彩包装，每一颗螺丝的抛光塑形，每一次新产品的发布会都要反复思考设计，甚至不惜一切代价，力求完美。

追求极简。乔布斯非常推崇"包豪斯风格"的美学标准，即设计应该追求简约。他反复强调苹果公司的产品是干净而简洁的，尽可能地将功能集合并易于操作。极致简约就是苹果的追求。"至繁归于至简。"苹果奉行的这一原则也印在它的第一版宣传册上。

初期，个人电脑主要是客户自己购买电源、键盘、机箱等，自己组装电脑。而乔布斯则想到，苹果电脑需要整合其他关键元素，成为一台完整的全功能消费新产品，让每个人拿到就能用。基于这种想法，他开发了Apple II。

苹果公司于2000年推出的Power Mac G4 Cube非常迷人，最终进入纽约现代艺术博物馆。该产品是一边长只有8英寸的完美立方体，跟面巾纸盒一样大小。它是乔布斯审美观的纯粹表达，它的精密源于极简主义风格。该机器从外部看不到按钮，没有电扇，没有CD托盘，只有一个微小的插槽。乔布斯在接受《时代周刊》采访时说："我们通过简化除去多余的东西，取得了进步"。

他欣赏图形界面的魅力，就以施乐公司无法做到的方式设计了Mac；他感受到把音乐装进口袋的快乐，就以索尼倾尽其全部资产都无法完成的方式创造了iPad；他将移动电话与音乐、视频和网络相结合而创造出了iPhone，带来手机的革命与数字产业的颠覆性革命。

二、非同凡想源于"现实扭曲力场"

乔布斯将在父母车库里开创的公司，打造成全球最有价值的公司。他不是设计的天才，他没有直接发明很多东西，却创造了极具创造性的产品。这都是源于他的"现实扭曲力场"——他能以自己对数字产品独到的直觉品位和前瞻性眼光不断创新。尽管他的行事风格有些偏执，不可理喻，却让他以自己独行的方式控制着一切，并推动他去完成以前认为不可能的事情。

"对他想要做成的事情，他觉得需要尽快去做。"他相信自己可以把自信心传递给别人，他会说服一切有创新精神、有助于新产品开发、有利于公司发展的人才加入团队中来，如从早期合作的沃兹到乔布斯的偶像、著名音乐人迪伦，从广告鬼才克劳到百事可乐总裁斯卡利，从迪士尼到微软等。

他会给苹果的员工注入持久的热情，让他们相信自己可以完成看上去不可能的事情。他会以"非黑即白"的思维方式去评价员工的工作，以"过程就是奖励"来激励他们工作。一次，Mac编程距离交付日只剩下一周时间，当所有工程师都认为他们无法按时完成时，乔布斯告诉工程师们他们很棒，相信他们能搞定，并郑重声明"我们绝不会推迟"！结果团队成员真的完成了自认为不可能完成的任务。乔布斯认为："当你拥有真正优秀的人才时，你不必对他们太纵容，你期待他们做出好成绩，你就能让他们做出好成绩。"所以尽管和乔布斯共事，总会很痛苦，但大多数人会觉得能够和他并肩作战，是世界上最幸运的人。

的确如此。严厉的公司，虽淡化了员工的休息时间，把一群人整得跟疯子一样，强制他们完成目标，但最后员工都买房买车成为家庭里的骄傲。而人性化的公司，怕员工受委屈，朝九晚五上班，从不加班，把一群员工供得跟大爷似的，最后一个个被行业淘汰！

只有那些疯狂到以为自己能够改变世界的人，才能真正改变世界。

兰柯与乔布斯

兰柯是印度电影《三傻大闹宝莱坞》中的主角，乔布斯是苹果创始人。一个是电影中的人物，一个是真实的传奇性人物。将他们两人放在一起，是因为他们身上有太多相似之处。

他们都是杰出的人才。兰柯是一名获得400项专利的发明家，同时也是一位教师，他的教育影响着许许多多的学生。乔布斯是一个极具创造力的企业领袖，一个极具创造力与想象力的偶像，他使个人电脑、动画、电影、音乐、手机、平板电脑以及数字出版等产业发生了颠覆性革命。

然而他们在学生时代，都不算是好学生，准确地说是非常调皮的学生，尤其是他们都喜欢利用自己所学知识搞恶作剧。

在学校的最初几年，不论是基于天性还是基于他接受的教育，乔布斯都是一个不愿服从权威的孩子。他靠玩恶作剧来打发自己的时间。比如，他设法让别的孩子说出自己的自行车锁密码，然后跑出去把所有的锁密码都调换了位置，结果没人能骑走自己的自行车。三年级的时候，他在老师瑟曼夫人的椅子下面点燃了炸药，吓得瑟曼夫人都抽搐了。乔布斯在三年级之前被送回家两三次。高中三年级时，乔布斯开始抽大麻。高中四年级时，他与三个伙伴一起设计了一个滑轮装置。在毕业生们行进到阳台下方时，床单缓缓落下，上面还有巨大的字母"SWABJOB"，意思是三个人联合出品。这场恶作剧成了学校的传奇，也让乔布斯再一次被停课并受到处分。在里德学院，乔布斯拒绝去上那些必修课，成为里德学院的一名边缘人物，过着放荡不羁的生活，因而退学。

兰柯在大学报到的第一天就根据初中学的"盐水能导电"这一简单原理，做了一个简易的导电装置捉弄学长，引起大家的震惊。他与法尔汉、拉贾一起喝酒，去"病毒"家闹事。三人还一起偷改查特的演讲稿，让全校大会成为一场闹剧。为了好朋友顺利过关，他去校长办公室偷试卷。

他们学生时代的表现很难让人想象到他们的以后，但他们为什么偏偏就会有这样的成就呢？其根本原因在于他们都有非常自由的成长空间。

乔布斯读完三年级被退学，他父亲从未因为他在学校犯错而惩罚他，连一巴掌也没有打过。当时他父亲已把他当作特殊的孩子来对待，并向学校阐明希望学校也能这样对待自己的孩子。在里德学院，乔布斯不想去上那些他不感兴趣的课程，学校竟然容忍了这一切。即使在他停止交学费后，学校还允许他旁听课程，并允许他和同学们在一起。这样，乔布斯就可以去上那些有意思的课程了，从而使他有了艺术与科技完美结合的意识。

如果我们的孩子、我们的学生出现这样的情况，我们会不会也这样的对待他们呢？答案估计是不会。因为有了这样的自由，所以他们就能去做自己喜欢的事。"因为我热爱机械，工程学就是我的兴趣所在。"兰柯是仆人的儿子，因为喜爱学习而替主人的儿子去上学。他废寝忘食地做科研，创造性地想问题，并有意识地运用知识于实践；他制作简易装置来捉弄学长，在"病毒"的大女儿就要生产的紧急情况下，制作发电机，用吸尘器制作"助力器"等。知识对于他不是敲开金钱权位的手段，他也从不为了成绩和工作而学习，知识本身于他就是目的和乐趣，而这在一个世俗的世界已越发稀奇和珍贵。因此，兰柯也和乔布斯一样取得了成功。

同样，乔布斯能在父亲专门给他划出的一块工作台上去操作，能在每周一次的废品之旅中寻找发电机或化油等各种各样的零部件，然后自己动手组装。他能在他所居住的环境——硅谷，更多接触半导体等电子文件。他能在里德学院拒绝机械地接受事实，坚持亲自体验，去听那些他觉得有意思的课程。他还能去印度进行他的精神之旅。所有的学习经历，形成了他追求至简，追求完美的性格，成就了"非同凡想"的乔布斯。

他们的成长经历，让我想起这样一句话："你每打出去一个拳头，都会有同样的力度反射在你的身上。"同样，学生时代如果给予孩子充分而自由的成长时间和空间，而不是过多的作业、试题或一个又一个培训班，不是被分数所限制，那么他们的大脑也就不会被禁锢，自然会有更多的思维和想象空间，他们在将来的工作中也就会不断被激发出想象力和创新力。因此，对孩子，我们应该尊重他独特的个性，培养他的兴趣，让孩子成长为他自己所希望的样子。

花园里的 "秘密"

——读《秘密花园》有感

《**秘**密花园》是美国女作家F. H. 伯内特的一部非常优秀的儿童小说,是近百年来畅销不衰的经典儿童小说。故事讲述了长相难看、脾气古怪的小女孩玛丽在英国一家庄园经历的种种离奇、有趣的事。

那么,这到底是一座怎样的花园呢?

——"打开窗户,一大股新鲜、含香的空气吹到她身上。旷野蓝蓝的,整个世界仿佛被施了什么魔法。有娇嫩的小小的声音如同吹笛,这处,那处,到处,仿佛许许多多小鸟来出席一个音乐会。"

——"草地似乎变绿了,太阳倾泻到她身上,温暖甜蜜的一股股风围绕着她,笛声、歌声从每丛灌木、每棵树传来。她因纯粹的欢悦而紧扣双手,抬头看天,蓝色、粉色、珍珠色、白色,泛着春日的光,她觉得自己必须得吹口哨、大声唱歌,她知道画眉鸟、知更鸟、百灵鸟不可能忍得住。"

——"这个地方是秋色狂欢的汪洋,金色、紫色、紫蓝色和火焰一样的红色,每一侧都有一丛丛的百合站在一起——白色的百合,还有白色和深红相间的。""玫瑰攀缘,垂挂,聚成一串串,阳光把正在变黄的树木染得更深,让人觉得站在一个藤树荫翳的黄金庙堂里。"

——"世上的每种欢欣,那天早上秘密花园都有,其中有一种快乐比其他的都更加快乐，因为它更奇妙。什么东西轻灵地飞过墙，突然穿过树木到一个枝叶四合的角落，如火花般闪耀着一点儿小鸟的红胸脯，喙上挂着什么。"

多么美丽的花园呀！因为花园这样美丽，所以玛丽、狄肯以及柯林在那里找到了快乐；因为花园这样美丽，所以他们在这里相遇，在相遇中成长，在相交中改变。这些改变，也告诉了我们花园里的"秘密"。

环境的重要影响作用。英国小女孩玛丽在印度出生，曾是有钱人家的小姐。奶奶宠着她，仆人不敢得罪她，因而脾气乖戾，对什么也不感兴趣。后来，因为瘟疫她成了孤儿，被姑父克兰文收养，到了米瑟斯威特庄园。孤单的玛丽一个人在一个新的环境，反倒能好好地看看蓝天、白云；能认真地看看花草、虫鸟，并喜欢上它们；能和狄肯一家交上朋友，去关心柯林。成长会受环境的影响。环境的改变，促成了玛丽的改变。孔子认为："里仁为美。择不处仁，焉得知？"（《论语·里仁》）。"孟母三迁"更是对此最好的诠释。

自我教育是根本。"外因是变化的条件，内因是变化的根本。"米瑟斯威特庄园和那个神秘的花园都只是外因，只是为玛丽的改变提供了外在条件，真正促成玛丽改变的是她自己。陌生的环境，无人宠，玛丽只有学会自己玩，所以她希望得到别人的关心，希望有自己的朋友。柯林进了花园之后，他憧憬着花园里的一切长大。他不想古怪，他要坚持让自己的"魔法实验"获得成功。他要长得像小马一样强壮，成为一个真正的男子汉，给爸爸一个惊喜。苏霍姆林斯基说："真正的教育是学生的自我教育。"因为有了这些想法，因为有了认识的提高，我们才会一点点地改变。世界和社会上的许多东西是不能改变的，但是我们可以改变自己，改变我们自身的重量和我们心灵的重量，这样我们就可以稳稳地站在这个世界上。正如你希望看到别人的微笑，可以先将微笑带给他人。当你希望得到别人的关怀时，何不先送出温暖，照顾他人呢？

实践是最好的教育。玛丽第一次走进花园，不停地拔草、锄草，不知不觉3个小时过去了，可她完全没在意。当看到杂草下一片片新鲜的泥土露了出来，小绿芽们畅快地呼吸着，玛丽觉得自己很了不起。回家后食量比以往增大了许多。亲身的实践让她体验到了"了不起"，同时饭量大增也使她的脸蛋渐渐红润起来。柯林第一次用瘦骨嶙峋的小手挖土，种下了第一棵玫瑰根苗，他开心极了，完全忽略了他的风湿病，第一次感受"十二年来没有哪一天的下午能和这个下午相比"。陶行知说："行是知之始，知是行之成。"人的品格的形成，源于他对生活的认识、体验和感悟。只有让学生走进生活，多去实践，才能引发他们真实的内心情感，引领他们去感知，去体验。

教育只是一个平台

——读《跳出教育看教育》有感

什么是教育？简而言之，就是培养人的活动。既然是作为一种活动，就有其内在的规律。可当我们身处其中之时，往往就会因为"身在此山中"，日复一日地工作而习惯于当下，形成一种思维定式，而"不识庐山真面目"。王晓春写的《跳出教育看教育》，是由一档财经节目《冬吴相对论》引发的感想，跳出教育，回看教育。全书共108篇文章，给我们教育者提供了一个全新的视角，也让我们从哲学的角度去思考教育。文章告诉我们，教育是一个平台，是一个尽可能让学生良好生长、长成的平台。另外，也提醒我们每个教育者要经常反思，跳出自己的圈子来审视自己的工作。

跳出教师身份当教师。教师习惯于自认为是成人，居高临下地施爱于学生或指挥学生。指挥多了，就会发现这些权力不好用了。

教学是由教师的"教"与学生的"学"共同构成的。二者之中，学生的"学"才是主体。陶行知先生说："我们必须变成小孩子，才配做小孩子的先生。"因此，作为教师，我们也应跳出教师的身份，从学生的角度思索，走进学生的世界选择教学方法，这样才能与学生产生共鸣。

跳出教材教学。教材是课程计划的具体化，是教师指导学生学习的主要依据，但也不是唯一的依据。在当下的教学现状中，教师也好、学生也好，大多是将教材当作一把"旧椅子"，坐坐就走了。教师大多是将教材里的那些知识点"贴标签"式地教给学生，而没有真正地让那个标签植根于学生心里，没有让学生形成自己的"椅子"。

前不久，听一位教师讲《小木偶的故事》。故事大意是老木匠做了一个小木偶，并在小木偶的脸上添上了一个"笑嘻嘻"的表情，以为只要会笑，小木偶就会永远快乐。后来，小木偶在着急、生气、委屈，甚至痛苦、伤心时也总是一副笑嘻嘻的表情，因而在生活中遇到了一系列挫折。最后，小木偶在女巫的点化下，拥有了所有的表情。此时，他发出了内心的感叹："要是只会笑，那可是远远不够的。"这位教师引导学生刚刚弄清故事大意，马上就让学生回答"故事告诉我们什么道理啊？"学生是很快就答出："要是只会笑，那可是远远不够的。"这样的教，仅仅在表层上解读了课文。或者说，这样做对于学生考试，是没有问题的。但如果引导学生去理解小木偶的每次遭遇与表现，去对比，让学生发现生活中应该有不同的表情，从课文回到生活，这样，这一启示就真正内化于学生心中了。

教师的课堂教学，重在给学生一个目标，并不断引领，去拓宽学生的视野，激发孩子学习、阅读的兴趣，培养学生的学习能力，而不是重在传授、补充习题及追求分数。

跳出教育，才能更好地回看教育。跳出教育，其根本还是要立足教育。教师要不忘教育的根本，敬畏生命，给学生以空间，让学校如植物园一样，让各种各样的植物，包括鲜花、树木、杂草甚至青苔等都能在此静静地生长，绽放自己的美丽。

金牌不会自己从地里长出来

——《摔跤吧！爸爸》观后感

《摔跤吧！爸爸》讲的是印度一个全国摔跤冠军，毕生的梦想就是为国争光，站到世界冠军的领奖台上。后来，他因生活所迫，放弃摔跤。他希望儿子可以帮他完成梦想——为印度赢得世界级金牌。不料命运捉弄他，让他生了四个女儿。正在他失望之时，一次偶然的机会他发现女儿吉塔姐妹俩有摔跤的天赋，于是便开始训练女儿摔跤，努力使女儿变成世界级的摔跤手。在崇尚男权的印度社会，女孩子练习摔跤这件事，引来了全村人的讥讽和嘲笑。但最终，他们排除所有困难梦想成真。

吉塔姐妹俩的成长经历，告诉我们"没有人可以随随便便成功"。

"金牌不会自己从地里长出来。"卢梭说，成功的秘诀，在于永不改变既定的目标。为了实现自己的梦想，面对全村人的讥讽和嘲笑，他没有退却；面对比赛组织者的拒绝，他坚持抗争；没有训练场地，他不惜在自己的庄稼地里开出一块地做训练场地；没有专用摔跤垫子，他把家里所有的棉被铺在地上，当垫子。吉塔营养跟不上，他不顾妻子的反对，自己动手做饭，甚至把吉塔姐妹乌黑秀丽的长发剪成了男孩子一样的短发。他也曾把吉塔和巴比塔扔进河里，让她们自救。为了让吉塔认识自己的错误，他不顾自己年迈体衰与女儿比试。而当女儿在国家队成绩下滑时，他去集训中心旁边租房陪伴指导吉塔姐妹俩训练。去外面音像放映厅包场看女儿的比赛视频，帮助她们找出问题。父亲的坚定和执着，让吉塔姐妹一步步走向成功。拥有坚定而执着的信念，也是每一个成功者成功的秘诀。雷夫25年如"唐吉诃德"一样执着坚持着自己的教育理想，终于创造出了《第56号教室的奇迹》；苏霍姆林斯基35年如一日的坚持，终于成为一代教育宗师。正如吉塔姐妹的父亲所说："金牌是不会自己从地里长出来的，你得去悉心培育它，用你的爱心，你的努力，你的热情！"是啊！唯拥有坚定的信念，才能登上最高的山峰，才能看到最美的风景。

不能"摁着牛头吃草"。一厢情愿地"摁着牛头吃草"，是得不偿失的。吉塔姐妹学摔跤，村里人冷嘲热讽不断。为此她们也极不情愿，经常以受伤为借口，不专心训练。在一次婚礼上，新娘却说非常羡慕她们有这样的一个父亲，父亲为她们能出人头地与全世界对抗，忍受着嘲笑与奚落，是多么伟大啊！新娘的一席话使吉塔姐妹如梦初醒，理解了父亲。从那以后，面对别人的嘲笑，面对困难，吉塔姐妹视而不见，全力以赴按爸爸的要求去训练。后来，吉塔在国家队一度迷失，成绩下滑，也是在父亲的帮助下认识到自己的错误，重新点燃了心中的热情，重新投入训练之中。同样，教师只有唤醒学生生命中的灵性和欲求，点燃他们心中的火花，让学生自己明理，才会收到意想不到的惊喜。

给孩子一个选择的机会。龙应台曾对自己的孩子说："我要求你读书用功，不是因为我要你跟别人比成就，而是因为，我希望你将来拥有更多选择的权利，选择有意义、有时间的工作，而不是被迫谋生。"吉塔姐妹的父亲让她们学摔跤，在让她们实现自己梦想的同时，也是在给她们一个选择的机会。在印度这样的崇尚男权的社会里，吉塔姐妹若不是生在这样的一个家庭，遇到这样的父亲，那么她们从出生起，就要和所有的女孩子一样，与锅碗瓢盆为伍，整天有做不完的家务，到14岁便嫁出去，被送到一个从未见过面的男人面前，与他相夫教子度过一生。现在的爸爸妈妈都希望给孩子充分的自由，觉得"只要他喜欢就好"，这就导致很多孩子都已经快上初中了，父母还是把他们捧在手心里，一味纵容。当我们羡慕某某拥有高超的琴技，某某又被清华北大录取时，别忘记孩子的教育是从小开始的。因此，无论是家长还是教师都应该在孩子小的时候让他们练好"童子功"。这样，等他们长大了，才会有更多的选择机会。

每一个学生，都是一个家庭的"整个世界"，都是唯一的。教育没有彩排，也不可能重来，要敬畏学生的唯一性、不可逆性。因此，唯有用爱心、努力和热情去浇灌，学生才会有希望！

敬畏生命

——读《教育的姿态》有感

《教育的姿态》一书写的是于漪老师作为一名教育家对教育的审视、沉思、呼吁与呐喊。于漪老师用她对教育事业的无限热爱和崇高的使命感，诉说着自己的人生经历、诉说着自己的从教心路、诉说着自己的理解和感悟。翻阅着这些令人深思的文字，感受着这位80多岁老人博大的教育情怀，我的心久久不能平静，深感作为一名教育人责任之重大。做孩子生命中的贵人，让他们在蓝天、白云及阳光普照下快乐成长，这需要教师和家长，对孩子的生命都怀有敬畏之心。

敬畏生命就是敬重、珍惜生命。于漪老师说："生命本没有名字，每位学生的生命都是珍贵的，应当受到尊重与呵护，这是所有教育工作者应尽的责任和义务。对学生的生命、学生的成长规律，教师只有心怀敬畏，认真研究，精准地从学生实际出发，因势利导进行教育，才能真正托起明天的太阳。"

然而，现实生活中，我们往往有意无意地忽视了这种教育的内在规律。从幼儿园起就开始让孩子识字，写作业；教师不知疲倦地讲解、留过多的作业；家长让孩子上各种各样的补习班。"不让孩子输在起跑线上"，孩子全部生活内容都是枯燥的学习。我们不能狭隘到只关心分数的地步，把教育的功能窄化成孩子谋生的敲门砖。分、分、分，不仅是学生的命根，也是教师、学校、家长的命根。关心分数本没有错，但很多东西比分数更重要。比如，诚实善良的品质，尊老爱幼、遵守公德的道德观，阳光的心态等，这些都是做人应遵守的基本准则，可以让学生一生受用。教育的本质是培养人，培养"全面发展的人"，培养具有人文底蕴、科学精神、学会学习、健康生活、有责任担当、会实践创新六大素养的人。教育不是工厂，不是设计、制造商品，而是教心的工作，可以让心与心渐渐靠近，可以让情与情相互交流，可以让一颗心去感受另一颗心的跳动，可以让一种爱与另一种爱产生共鸣。教师唯有掌握学生的成长规律，对学生的生命心存敬畏，才会真正地走近学生，倾听学生的心声，打开学生的心门，并且"对症下药"，唤醒学生的生命自觉、激发学生生命的潜能、捍卫学生生命的尊严、提升学生生命的质量、实现学生生命的价值。

敬畏生命，就要有一颗仁爱之心。于漪老师80岁高龄仍活跃在教学一线，一个重要原因就是她深爱着学生。贾志敏老师78岁，罹患癌症，动过6次手术，仍坚持上讲台。上手术台与上讲台，进出病房与教室，成为他生活的常态。他以坚强的信念战胜病痛，将师道之壮美演绎到极致。教师要真正把学生装进心里，教他一年，要想到五年、十年后的他；教他六年，要想到十六年、二十六年后的他。为学生一生发展负责，才是真正爱学生。

敬畏生命，就要有一颗童心。拥有一颗童心，就是"不要忘记自己曾经也是孩子"（苏霍姆林斯基语）。陶行知先生也说："我们必须变成小孩子，才配做小孩子的先生。"李镇西老师经常和学生一起爬华山，一起去看黄果树瀑布，和学生一起打雪仗，被学生按在雪地里。于永正老师经常和学生一起表演节目，一起做值日，一起看菊展，放下老师所谓的架子，完全忘记自己是老师，成了"孩子王"。有些教师在我们看来是多么不可思议，但他们恰恰更容易走进学生的心里。和学生融为一体，教育就变得简单、轻松而有效。

敬畏生命，就要有一双慧眼。每个生命都是非常宝贵的，每个生命都蕴含无限的潜能。作为教师，必须要有一双慧眼，能够看到每个孩子的美丽，发现他们的特点、长处、优势，如有的学生成绩好，很用功，有的学生热爱劳动，有的学生敢于发表不同的见解，有的学生喜欢阅读，有的学生喜欢画画，有的学生喜欢踢足球等。作为教师，要善于去发现，多看到学生的优点，因势利导，让每名学生充分发挥潜能，养成健康独立的个性。

"心存敬畏之心，方能行有所止。"只有拥有对生命的敬畏之心，教师才会珍惜学生的生命、遵循学生成长的规律去施以教育；只有拥有对生命的敬畏之心，世界才会在我们面前呈现它的无限生机，我们才会时时处处感受生命的高贵与美丽。

看《延禧攻略》，思教师本分

《延禧攻略》自开播以来，很是火爆，看着看着自己也被魏璎珞圈了粉。她从一个宫女，一步步成为乾隆宠爱有加的令贵妃，每遇困境总能化险为夷，其原因何在呢？

魏璎珞手受伤后，稍微好点儿，就起来练书法，明玉看着心疼，埋怨她不该。她说："官员病了，也一样要上朝，妃嫔病了，也得讨皇上欢心，这叫本分。"无论何时，尽守本分，是魏璎珞一次次逢凶化吉的秘诀。从剧情上看，魏璎珞的本分体现在以下三个方面：

一不抱怨。不抱怨是魏璎珞最好的品质。她初入绣坊负责绣皇后的凤袍，结果孔雀羽线被盗。此时宫女或胆战心惊，或幸灾乐祸，或义愤填膺地要找出那个偷盗者。而魏璎珞却在想"事已至此，不如想一想，该用什么代替孔雀线"。给太后绣佛经，魏璎珞因为手受伤，绣面常常会沾血，明玉非常担心，她却劝明玉："有空抱怨，不如好好想想怎么不弄坏锦缎。"相反，明玉遇事就抱怨。在长春宫抱怨皇后偏心魏璎珞，在延禧宫抱怨皇帝不来，令妃受冷落她抱怨内务府炎凉。她的抱怨除了徒生烦恼，根本不能让她走出困境，她也因此受纯妃陷害而最终自杀。

二不敷衍。魏璎珞无论何时何地有何种境遇，无论遇到什么事从不敷衍塞责，干一行，爱一行。初到长春宫，有一次，暴雨要来，她提醒人们做好防备，见无人理会，她第一时间自己带着油布遮好皇后的花。若是不用心，别人不理会，自己也不会去做。即使刷马桶，她也想着法子，将捡到的木炭、砂子放到马桶里除臭味，刷得与众不同。

三不违心。紫禁城里后宫争宠上位的手段令人发指。而魏璎珞如"斗战神"，为姐姐、为富察皇后复仇，不怕争斗。但她从无害人之心，从不为争宠而迷失本心。她始终心存善念，做每件事、产生每种想法时都真诚地面对自己的内心，不自欺，不违心。正因为如此，魏璎珞才赢得了皇上的深爱。

由魏璎珞想到，我们老师该如何尽本分呢？教师工作繁忙且烦琐，教师生活朴素而辛苦。教师每天面对的是一群叽叽喳喳吵闹的学生，每天要做的是上课、检查作业、改作业、测试学生、检查卫生、检查纪律等工作，还要应付一大堆表册、检查、考核、评比等。生活简单、琐碎、重复、单调。教师因此常常抱怨，抱怨学生不听话、不听讲、作业不做、成绩不好，抱怨班级管理事情多，抱怨家长态度差，抱怨学校安排不合理、考核不公等。总之，就是一切事情都不如自己所愿。其实，"不如意事十之八九"。无论在哪里，想事事都能如自己所愿，是不可能的。遇事就抱怨，就会把注意力集中到别的人或事上，而忘了自己的本分。这样就没有时间和精力投入自己的本职工作，结果抱怨的那些问题还依然存在，教师却丧失了做教师的幸福感。

如果改变不了环境，改变不了别人，那就改变自己。面对学校工作的琐碎、艰辛，当如魏璎珞一样不抱怨。如果换种心情，真正地喜欢上它，自然就会多一些美好的感觉。因此，做教师的本分是首先得爱上这份职业，时时不忘爱学生。苏霍姆林斯基最了不起的地方，就是他爱教育，爱学生，尊重和理解学生，走进学生的内心世界，因而成为大教育家。一代小学语文教育大师于永正先生说他教了一辈子书，结果把自己教成了学生。他是因为爱学生才会把自己当学生。吉林的李素怀老师，因为爱学生，所以即使在条件艰苦的乡村，也一样有滋有味地做着教育。

"心心在一艺，其艺必工；心心在一职，其职必举。"教师只要爱学生，心里想着学生，自然就会专心、精一地去做事，这样每上一节课就会想着学生怎样才能学得更好，像于永正先生一样把课教得简单而有趣。讲《翠鸟》这课时，于永正老师以一名"联合国绿色和平组织"成员的身份到班上进行"采访"；讲《狐狸和乌鸦》这课时，他和孩子一起表演。杨虹萍老师把教室建成"幸福里"，有班章、班服、班印，所有的设计均来自学生，充满个性。她还精心为孩子设计了一个个岗位，如"牛奶小管家""扫地小管家""礼仪小天使"等，努力让孩子圆梦。

罗丹说："工作就是人生的价值，人生的欢乐，也是人生的幸福之所在。"尽教师的本分，讲好每堂课，关注每位学生，静静地与学生一起成长，坚定地前行，幸福与美好就会与你同行。

老师，请站直了

——读《不跪着教书》有感

吴非先生的《不跪着教书》收录了他对教育问题的思考，有随笔杂感，有教学随想，有与同行或学生的对话。吴非先生如鲁迅一样秉笔直书，对当下教育中"跪着"教书的现象做了深刻、犀利的批判。书中最让人心灵震动的言论有："一个跪着教书的教师，怎能教出有铮铮铁骨的学生？怎能让中华民族拥有铁的脊梁？""一个语文老师跪着教书，那他的学生只能趴在地上了。""要想学生成为站直了的人，教师就不能跪着教书。"

一、要站直，就要有"我"

看《"模范"如是说》让我想起一件事。河北省秦皇岛市海港正建设路小学一年级教师杨春菊，患有腰椎间盘突出，在家休息三周后，就坚持返回学校上课。她不能弯腰，但为了给班级50多名学生用多媒体教学，只能跪着操作仪器讲课。随后，教师只能"跪"着讲课的情景被一学生家长偶然拍到发至社交网络，引发社会对教师做法的热议。杨老师的"跪"固然让人感动，但透支生命做事，并不值得提倡。榜样的教师，不应该是牺牲家庭而坚守的教师，而应该是身心健康，热爱生活，既能做称职的父亲、母亲、爱人、子女，又能做好老师的人。正如吴非先生所言："为了学生连生命也不知珍惜，一个人如果没有'人'的意识，没有正常人的思想感情，那就不能正常地从事教育工作。""师者，范也。"教师的一言一行都在影响着学生。教育是要塑造健全的人，一个教师如果因为岗位而无视亲情、无视自己，那他教出的学生又会是什么样呢？工作只是我们生活的一部分，而不是生活的全部，生活应该有诗和远方。一个幸福而优雅的教师，其学生也必定会像教师一样追求幸福与优雅。因此，真正的教师应如李希贵所言，"教师第一，学生第二。"真正的教师应当心中有我，关注自己的身心健康，而后再去实现自我、成就自我。

二、要站直，就要健脑

《我美丽，因为我在思想》一文告诉我们，作为教师就应该有独立思考的意识。学生缺乏批判能力在于教师自身缺乏批判意识和怀疑精神。大多数教师是"跪"在教参上、课文上，解读课文依赖教参，不多加以思考。《救救孩子——小学语文教材批判》中就提出，现行教材中有许多硬件的问题。如《地震中的父与子》《爱迪生救妈妈》等文章已被大量证据证明与事实不符。张祖庆先生对网上将郑振铎误传为"落雪"的事情进行考证，并找到了真的"落雪"；《我最好的老师》一文中的怀森特先生，为了培养学生的批判精神，编造了一种叫"猫猬兽"的动物，他希望学生要善于发现问题，并要立刻指出来。学生因此增长了见识，逐渐懂得了不能依赖书本、权威的道理。因此，优秀的教师，就应该有自己健全的大脑，会用自己的大脑不断剖析，反思日常的教育教学。只有教师自己独立思考，才会教出独立思考的学生。

三、要站直，就要补钙

理想的教师，应该是一个勤于学习，不断充实自我的教师。教师最重要的任务就是学习，扎扎实实地向书本学、向实践学、向同事学、向学生学。而其中，最重要的是向书本学，即阅读。要让学生多读书，教师首先应当多读书，自觉地多读书。阅读，就是同大师们进行心灵沟通，印证我们对教育的理解。教师阅读不仅仅是为了工作，更是为了人生"腹有诗书气自华"。读什么书，你就会成为什么样的人。阅读，也绝不仅是为了获得知识、获得智慧，更重要的是让我们拥有宁静的心态、儒雅的姿态、积极的状态。

让课堂充满友善

——读《课堂上究竟发生了什么》有感

《课堂上究竟发生了什么》是吴非先生继《不跪着教书》之后的又一本有关课堂的随笔。吴非先生一生只任教一所学校，一生只做一件事，那就是不断地观察不同的课堂，持续而深入地思考"课堂和人"。他认为"东鲁春风吾与点"才是教育的最高境界。也就是说遵从自然，遵循学生成长规律的课堂，才是本真的课堂，才是友善的课堂。

一、亲近课堂，与学生为友，让课堂有温度

吴非先生说，教学无非是"课堂"与"人"的关系。教师眼中不仅要有"课"，更要有"人"。要在课堂中建立平等友好的师生关系。

与生为友，就是包容每名学生。吴非先生说："童年，应当无忧无虑，睁大眼睛尽情欣赏世界；少年，应当纯朴率真，也可以犯点小错误"。而教室就是学生犯错误的地方，因此评价学生不能只用一把尺子。陶行知先生"四块糖"的故事就是一个很好的例子。学生打人了，陶行知先生没有批评，没有谴责，没有让学生先去写一份检查，更没有唤家长来校"共同教育"，而是以"四块糖"的方式让学生一步步地认识到自己的错误，同时发掘了学生的四个优点：守时、尊重人、有正义感和勇于认错。"四块糖"就如南风一样，拂过

学生的心灵，留下一份温暖。要让每个生命幸福成长，就要高度敬畏生命，尊重学生，遵循其身心发展的内在规律，始终珍视学生的自主权，而不是用成年人的眼光去审视学生的生活，使学生被迫服从。

与生为友，就是要想学生之所想。课堂上学生最重要的活动是"想"，教师教学的目的也是在引导学生去想。因此，教师了解学生在想什么，也就大致能了解他成长中发生的各种不确定因素。如为什么会厌倦学习，为什么学习状态时好时坏，他的兴趣是什么？等等。教师了解了这些才能因材施教。而如何去了解学生，是对教师智慧的考验。教师只有站在学生的角度去思考，才会理解学生，去想学生之所想，做学生之想做，才会给学生留下美好的回忆。

与生为友，就是平等对待学生。书中《不能以刁难学生取乐》《低分政策伤害学习趣味》的文章说出了一些教师的现状。教师习惯自认为是成年人，居高临下地施爱于学生或指挥学生，时时想着师道尊严，想着压制学生，只会失去学生对他们的信任。教育不是如西风一样打压学生，而是应如南风一样温暖。教师要对所有学生的发言都寄予信赖与期待，相信每一个学生的发言都是精彩的，把赞赏的目光投注在每一个学生的身上，让学生在课堂上轻松自如地参与，自由地交流，让学生的个性在宽松、愉悦、自然的气氛中得到释放，展现生命的活力。

二、点燃课堂，使学生善学，让课堂有梯度

吴非先生说："真正的课堂应该是生命的脉动，是用生命激情点燃的课堂。"

点燃课堂，就是激发学生的学习兴趣。兴趣是学习的动力。教师的作用就是引导学生关注知识，激起他们的好奇心。无论什么学科，教师都要能通过自己的智慧培育学生的兴趣。课堂上教师的微笑，及时的鼓励与表扬，亲切风趣的语言，渊博的学识，课堂上的侃侃而谈、信手拈来，解答问题时的轻松睿智以及漂亮的板书，流利的普通话，动听的歌喉，传神的绘画作品，优美的舞蹈等，都会影响学生，激起学生对教师的喜爱，从而激发学习的兴趣。

点燃课堂，就是让课堂留有余地。有的教师总是"呕心沥血""无微不至"，甚至成天把学生固定在教室里，恨不能把自己知道的全都讲给学生。殊不知，一味地灌输，学生是不买账的。有的教师追求高效课堂，要求每一步都

"有效"，每节课都要"当堂清"，却不知高强度也是一种疲劳。有的教师每节课都在追求自己的"特色"课堂，以及这个"式"与那个"法"，却忘记了学生才是学习的主体。其实，简约的教学，往往更能激发学生的求知欲。教育的目的重在给学生一个目标，不断地拓宽学生的视野，激发学生学习、阅读的兴趣，培养学生的学习能力。而不在于教师的传授，也不在于教师补充习题，更不在于分数。聪明的教师知道真正能让学生铭记在心的，是他个人的学习体验，因此，总会想着去帮助、引导学生，总是想着以学生的思考点亮课堂，总是想着让学生下课后仍不断思索。

点燃课堂，就是要注重学生习惯的培养。叶圣陶先生说："教育就是培养习惯。"《我不愿在肮脏的教室里讲述美好》中讲到教室里竟然有30多个空饮料瓶，地上布满灰尘，气味难闻，而学生竟然在这样的环境里学习。一屋不扫，何以扫天下？一个人连起码的卫生习惯都没有，我们还能相信他做什么大事呢？同样，规范学生的作业习惯就是在培养一种态度，培养一种行为规则。良好的预习习惯，课堂上自主思考的习惯等都很重要。习惯比智力更重要。良好的学习习惯一旦养成，就会带动其他好习惯的养成，将会成为学生一生受用的宝贵财富。

三、着眼未来，助学生向善，让课堂有广度

吴非先生说："基础教育的特点，就在于始终着眼于'人的教育'。"每名学生的家庭环境、身体条件、认知水平以及兴趣爱好等都不相同。因此，学生发展不可能"标准化"，每名学生考试都是90分以上更不可能。教育只不过是一个平台，只能尽可能让孩子好好成长，长成他们自己。因此，教师的目光应该放得更远些，为学生多打开一扇窗，让他们前行的路上多一抹亮色。因此，不妨多给学生时间和空间，让他们有属于自己的课外，在阅读、运动、劳动或其他的实践活动中学习、成长，关注未知世界。这样他们将来面对社会，才会保持独立思考的能力，才会有最基本的善恶观，能凭诚实的劳动自立，健康地生活，成为合格的公民。童年种下的种子，有朝一日会发芽。

要通过教育唤醒人、发展人，最重要的是教师要觉醒，教师要有自觉意识。教师首先要成为一个活生生的人，才有可能去唤醒别人，才能让课堂充满友善，"教学"才有可能发生。

你若寻找，便能得到

——读《寻找不一样的教育》有感

7月的武穴刚刚经历严峻的汛期，我们武穴市师范附属小学作为东道主迎来了前来参加第二届全国"教育行走"教师研修夏令营的同仁。活动中，我知道了一个名字——王维审。王老师作了"关于教育叙事与心灵成长"的报告。"生活中的点滴也会改变教育的态度、姿态""教育叙事是通往儿童内心的桥梁，更指向教师的内心，是教师进行自我成长的路"。这些话给我留下深刻的印象。于是我通过好友推荐加入由王老师建的"叙事者"群。

王老师从一个临时工到民办教师，再到参加高考成为公办教师；从一个从事了19年的教育工作，其中有14年在农村当普通教师到如今的功成名就，都源于他的自我寻找、自我确认、自我救赎。

读着他的故事，思想与灵魂被一次次地触动。他把教育看作生活的一部分，而不只是职业。"有掌声，我会行走；没有掌声，我亦会行走。"他对教育是如此热爱。第一次带班中考成绩斐然，令人惊讶，他却没有安于现状，不断地反思，不断地寻找。他执着于教育，从第一次写教育随笔开始，至今已写了几百万字，有1000多篇文章发表。他把一个个学生写进自己的故事里，让他们能从文字中读到老师的真诚与希望。他的笔下有因他一句话而改变的学生，他还曾为一名学生写下70多篇叙述性故事。

读着他的书，跟着他一起反思：为什么我们身边的老师虽有所建树，却难走得更远？为什么一些教师从教数十年却仍如当初？别人除评价他为"好老师"而别无他言？

正如王老师所言，我们在平常的工作中忙于奉献而忽视了自身的成长，忘记提升自己的境界和生活的品位，忘记记下自己生活中的点点滴滴。生命中，每一次愉悦的体验，每一个烦恼的心事、痛苦的经历，都是我们成长过程中最美妙的呈现。如果我们多关注、反思，将这一块块碎片连起来，一定能将其打造成一块光彩夺目的美玉。当你上了一节精妙的课后，当你游览了一个景点之后，当你欣赏到一场精彩的演出之后，当你得到表扬、批评之时，当你开心、痛苦、忧伤、寂寞之时，那美丽的"火花"便静静地绽放了。而此时，如果能及时将其付诸笔端，便能留住"火花"永久的美丽，便能将这些"珍珠"串成一串精美的项链。

再反思自己。今年，借"教育行走"夏令营在我校举办之际，我编辑了我的个人文集《心灵如泉》。但当文集成稿之后，一次次翻阅，却发现其中与教育、与学生相关的文字竟不多。朱永新说："唯有扎根阅读，扎根教室，教师的每一个平凡的日子才会变得充实、幸福。"王维审老师写的《班级日记》，就是他关注教室、关注学生的结果，从而实现了与学生的心灵对话。王老师的故事让我找到了方向，坚定了我"行走"的信心。愿在今后的日子里，我能在叙事中多感动、多反思，直至成长。给自己一个温润、和谐、美好的教育开端，也给自己未来的生活多一些希望。

朴素的教育

——读《爱满教育》

叙事者群内推送了几篇文章，如《母亲，我的教育家》《戏文里的父亲》及《姐姐嫁到后门头》等。看完这些文章，我觉得作者很有意思，平常所见的亲情，竟也成为其教育之源。最近，"行知"写作营给我们这些群管理员寄来了一本叫作《爱满教育》的书，原来这个有意思的作者就是浙江绍兴市上虞区金近小学的校长何夏寿。因为喜欢之前那些文章，一口气读完整本书。书中文字都非常质朴，甚至还带着乡土味，然而，字里行间却蕴含着最真挚的情感，体现了作者深深的思考——教育应该是朴素的。

朴素的教育源于发自内心的爱。书中无论是描写亲情还是友情，每一份情感都是那样质朴，而正是有了这样的质朴善良，才让人感动于心。书中的母亲—— 一位平凡的乡村妇女，告诉"我"："只要对小人好，书便可教好。"母亲不仅是这样说，而且自己也是这样做的。为了不影响"我"上班，更为了"我"的学生，70多岁的她半夜把生病的孩子送到医院忙到天亮，就连生命弥留之际，还是关心着"我"学校学生的情况。姐姐—— 一个普普通通的邻家小女孩，懂事、爱弟弟。她的一句"人情一辈子"的话深深根植在我心底。

朴素的教育源于平常生活中的智慧。杜威说："教育即生活。"书中用朴素的语言道出的不是那些高雅的大道理，而是来自人的最平常、最真实的生活状态，也因此更生动，更有一种醉人、自然的光彩。例如，姐姐明知"我"拨快了时钟，故意不点破，却让我吃了苦头，让"我"早早体会什么是自欺欺人，明白了不能一厢情愿地做事。姐姐别出心裁地用她编扇子的麦秆涂成色教"我"学数字；她用长辫子弯出一个"3"，教"我"学会了"3"这个数字；她还用代邻居写信的方式让"我"练习写作等等。

掩卷而思，质朴、本色、宁静，不浮夸、不浮华、不浮躁，对人、对学生、对教育有一种朴实而善良的情感，是本书给我的启示。

庄子说："朴素而天下莫能与之争美。"朴素的教育，就是要满足儿童的天性，要尽可能点燃激情，尊重自由，提供平台；朴素的教育，是自然地流露，是自然地生长；朴素的教育，不是为了做给别人看，而是为了我们自己的心灵，为了我们自己的幸福。

倾听，花开的声音

——读《唯一的听众》有感

作者"落雪"笔下的《唯一的听众》，记叙了"我"因拉琴水平太差被家人嘲笑，偷偷在一片小树林里练习时遇上了一位音乐学院教授。他假装耳聋，耐心倾听"我"并不悦耳的演奏，并多次鼓励"我"。最终，在她给予的极大鼓励下，"我"踏上了艺术之路。

简单、朴素的文字道明了倾听对一个人精神成长的重要性。佐藤学教授认为"倾听是教学的核心"。倾听代表了对对方的关注、同情，代表同感与共鸣。倾听可以增进沟通，促进理解。倾听是一种等待。教师要在倾听中与学生交流，在倾听中与学生沟通，最终实现教学相长。《唯一的听众》中的老教授是一个懂得倾听的人，更是一位高明的教授。家人都觉得"我"的琴声像是在锯床腿，对于造诣极深的音乐教授来说，"我"的琴声又是何其聒噪。但她一直面带微笑，仿佛陶醉在"我"美妙的琴声中。自始至终，她并没有指导"我"怎样拉琴，怎样学习和提高，而是坚持每天清晨成为"我"的听众，用眼神鼓励"我"，用行动支持"我"，用倾听帮助"我"找回自信，从而使"我"走上了音乐的舞台。

由此，让我想到了我们的课堂，更多的是教师主宰着一切。教师拿着课本，一个词、一句话、一段文字、一个中心思想等，全照教学参考书内容逐一分析、讲解。学生则规规矩矩地坐着，认认真真地倾听，小心翼翼地回答。也常常见到学生站起来发言，可学生还没说完，教师便插嘴，急于纠正。教师不是去关注学生的思考过程，不是去关注学生的发展，不是去关注学生的生命成长，而是想着如何执行教案，如何使课堂行云流水、一气呵成、天衣无缝。殊不知，这样的课堂无论有多么绝妙、多么完美，都是无法得到认同和掌声的。教育是教心的工作，是让心与心渐渐地靠近，是让情与情默默地交流；是让一颗心去感受另一颗心的跳动，是让一种爱与另一种爱产生共鸣。因此，这一切更需要教师放下"讲师"的架子，学会倾听，全身心地听学生说，成为学生忠实的"听众"。只有打开学生的心门，才能听而导之，导而学之，学而获之。

倾听，要有一种宁静的心态。我们生活在一个飞速发展、急速变化的时代，这是一个时间宝贵、效率至上的时代，也是一个匆忙得让人焦灼的时代。这样的匆忙，教育也难免会受影响。"作业做快点儿！""书没读完的先停下来！""你怎么还没听懂？"这样的声音常常充斥我们的课堂。老师面对的是鲜活的生命，学生需要从我们身上看到生活的智慧，不是知识的灌输，厉声的呵斥。教师过多地讲解，留过多的作业，必将影响学生的学习兴趣，乃至影响生命的成长。"欲速则不达。"相信学生，尊重学生，认真倾听学生的心声，把时间、空间还给学生，让他们拥有属于自己的一片天地，有充足的睡眠，有健康的身体，学生便会健康成长。

倾听，需要教师推己及人，尊重、包容学生。推己及人，就是换位思考。老教授在"我"准备溜走时叫住"我"，看到了"我"当时的羞愧，理解"我"因不会拉琴而产生的自卑，所以他自称为"聋子"，这便是推己及人。我们面对的是学生，他们因身体、心理等尚未成熟，肯定会有很多的不足。因此，教师"不要忘记自己曾经也是孩子"（苏霍姆林斯基语），而给予学生以理解与包容。无论是好学生还是差学生，无论学生是说对了还是说错了，无论学生说得清楚明白还是语无伦次，教师都要专注地倾听。不轻易批评学生，不急于发表自己的见解，不能有半点儿不耐烦。其实，每名学生，无论是低年级还是高年级，也无论是男生还是女生，他们都十分在意老师对他们的态度。美国教育家托德·威特克尔说："不强求你喜欢学生，但要做出喜欢他的样子。如果你的行为并不说明你喜欢他们，那无论你心里多么喜欢他们都没有用。但是，如果你的行为表现出你喜欢他们，那么，你无论是否真的喜欢也无关紧要。"

要毫不吝啬地给予学生表扬和鼓励。罗森塔尔效应告诉我们，表扬和鼓励学生，才会激起学生的信心。《唯一的听众》中的"我"因拉琴声音难听，在家人的眼中成了"音乐的白痴"，以致丧失了在家练琴的信心。老教授却用平静、慈祥的目光望着我，对"我"说"我想你一定拉得非常好""真不错，我的心已经感受到了"。正是老教授这种发自内心的关怀和鼓励，让"我"重拾信心，最终可以对着成百上千的观众演奏。可见，对一名学生，特别是受过打击的学生而言，关怀和鼓励是多么的重要。我们常常鼓励、表扬那些品学兼优的学生，而把那些调皮、捣蛋的学生遗忘在角落里。其实，他们更需要我们的表扬与鼓励。文中的"我"不就是这样的一个学生吗？所以，一个善于倾听的教师应该有一双慧眼，善于发现学生的闪光点，给学生"准备一百顶高帽子"（于永正语）。学生有进步了，我们要鼓励；他们把字词读准了，课文读流利了，我们要给他们点赞；学生回答问题认真，我们要给予掌声。学生的行为达不到教师的要求，要给予"你能行""我相信你"的期待。教师多一分关注，少一些漠视，多一分鼓励，少一些斥责，让学生多一份参与，少一些观望，多一分成功的喜悦，少一些学习的枯燥，这些才是学生真正需要的。

为了学生的发展，教师不妨做学生的"听众"，蹲下身来倾听，耐心地倾听，倾听学生美妙的童音，倾听学生心灵的歌声，倾听学生成长的足音，有一天，我们终将听到花开的声音。

让爱导航

——读《少有人走的路——心智成熟的旅程》有感

《**少**》有人走的路——心智成熟的旅程》是美国著名心理医生M·斯科特·派克写的一部揭示人心智的心理学著作。该书自出版以来，被译成23种语言，在《纽约时报》畅销书榜单上，停驻了近20年，而且至今仍长盛不衰。

为什么说心智成熟的旅程，是少有人走的路呢？

每个人心中都有一个消极的自己和一个积极的自己，懒惰则是存在于每个人心中一种最可怕的消极力量。我们每个人都习惯选择平坦的道路，选择简单、不伤脑筋、舒适的方式，而去逃避痛苦。每当自己要付出劳动时，或要做出抉择时，我们总会为自己找一些借口来安慰自己，总想让自己轻松一些、舒服一些。人们都有这样的经历：清晨，闹钟将你从睡梦中叫醒。你想着自己所订的计划，同时也感受着被窝里的温暖。你一边不断地对自己说该起床了，一边又不断地给自己寻找借口，再等一会儿。于是，在犹豫不决之中，你又躺了5分钟，10分钟……生命就这样不知不觉地消耗着。

因此，懒惰是阻碍心智成熟的最大障碍。只要克服懒惰，其他阻力就都迎刃而解了。如果无法克服懒惰，不论其他条件如何完善，我们也都无法取得成功。熵增定律，也就是热力学第二定律指出，"能量只能从高处流向低处"。

如果反过来，就必须额外消耗能量。同理，心灵进化的金字塔也因为"熵"的力量存在。心灵的成长、心智的成熟需要不断努力，而且必然是艰苦的过程。它必须与自然法则对抗，必须与循规蹈矩的自然倾向背道而驰。无论思考还是行动，都离不开勇敢、进取和独立的精神，以此来摆脱被动、依赖、恐惧和懒惰的心理。所以这条路是一条少有人走的路。

因此，派克说，解决人生的问题关键在于自律。人若缺少自律，不顾一切地回避问题，逃避痛苦，不仅不能解决任何麻烦和问题，而且还会使我们患上心理疾病。而自律，就是主动要求自己以积极的态度去承受痛苦，解决问题。能承受面对问题和解决问题的痛苦，我们就能从中学到很多知识。怎么去自律，应从推迟满足感开始，学会先苦后甜，承担责任，不去逃避找借口；学会忠于事实，积极迎接挑战；学会放弃，保持平衡。这些都是痛苦的，但唯有经历痛苦才能给人带来效益。

而推动我们去自律、承受痛苦的源动力只有一个，那就是爱。我们常听到一些父母对孩子说："我为你付出了那么多，你看我有多爱你。"我们也常看到一些父母给孩子报了各种名目的培训班、补习班，制订了各种计划，但这不是真正的爱。派克说："我们生儿育女，是因为我们自己想要孩子；我们爱自己的孩子，是因为我们渴望自己成为充满爱心的父母。"我们也常听到一些教师说："我对我们班的学生投入了满腔的心血。"我们也常看到教师不放过每一分钟课余时间布置大量的作业、试卷，甚至每天规定学生必须完成多少任务，若不能完成必受惩罚等等，这些也都不是爱，这些都只是出自个人的意愿，满足自我的需求。就如纪伯伦的诗《先知——论孩子》中所写的：

你的儿女，其实不是你的儿女，

他们是生命对于自身渴望而诞生的孩子。

他们借助你来到这个世界，却非因你而来。

他们在你身旁，却并不属于你。

你可以给予他们的是你的爱，却不是你的想法，

因为他们有自己的思想。

你可以庇护的是他们的身体，却不是他们的灵魂，

因为他们的灵魂属于明天，属于你做梦也无法到达的明天。

你可以拼尽全力，变得像他们一样，

　　却不要让他们变得和你一样，

　　　　因为生命不会后退，也不在过去停留。

　　无论是男女之爱，还是母子之爱、父子之爱以及师爱等，都是相互的爱。爱是为了促进自己和他人心智成熟，为拓展自我界限、实现自我完善的一种意愿。爱在帮助别人成长的同时，也会拓展自己的心灵，使自我更成熟。既是在爱自己，也是爱他人。因此，真正意义上的爱，不是单纯的给予，还应该包括适当的拒绝、及时的赞美、得体的批评、恰当的争论、必要的鼓励和有效的监督。只有尊重彼此的个性、尊重彼此的独立、懂得自我约束、自我剖析和自我调整，才能促进双方心智的成熟。

　　爱更是一种真正的付出，需要投入和奉献，需要付出全部的智慧和力量。要使爱的对象得到成长，就必须付出足够多的努力。就学生而言，每名学生都十分在意老师的态度，希望得到教师的爱，希望得到教师的关注。因此，教师的每一次谈话，组织的每一次活动，都要让学生明白教师的意图，理解教师的善意，知道教师是在关心他、爱他。

　　爱因斯坦说："爱是宇宙间最伟大的能量。"只要用真心去爱、用智慧去爱、真正去爱，坚定地前行，就是踏上了心智成熟的旅程。

信念：教室里的火

——读《第 56 号教室的奇迹》有感

再次拿起这本书，细细研读，心中止不住地感动。感动于雷夫创造了一间充满爱与奇迹的第56号教室，感动于他追寻自我教育的勇气，感动于他热情的态度、智慧的教育，感动于他对信念的执着。

与其说是第56号奇迹，倒不如说是雷夫作为一名教师对教育理想信念的坚定、执着。书中有这样一个故事：

一天，在化学课上，一个女孩因为找不到灯芯，眼里噙着泪水。为了让这个女孩有一次成功的实验，雷夫老师决定停下来帮助她。由于灯芯太小，雷夫老师将头靠得离酒精灯很近。由于太专注，连头发被烧着了都没有发觉……

我非常感动于事后雷夫老师对自己所说的话，"如果我能如此投入教学，甚至连头发着了火都没有注意到，那么我前进的方向就是正确的。"正因为雷夫老师对教育那样全身心投入，对信念那样无比坚定，并用教师的热情去点燃学生的激情，激发学生学习的源动力，所以才会在56号的教室创造出教育的奇迹。

一把火，照亮了他的教育之路；一把火让他树立了要用"头发着了火都没有注意到"的态度，全心全意投入教育工作中。

因为信念的坚定，他25年来如"唐吉诃德"一样执着，坚持着自己的教育理想；因为信念坚定，他能用积极的态度与耐心来面对问题，他会对学生不懂的问题"讲解500遍"；因为信念的坚定，他才会"为孩子打造一个坚固而友善的避风港，让他们成长为充满自信而又快乐的人"；因为信念的坚定，他才会坚持把"六阶段"作为引导学生学习和人格成长的基础；因为信念的坚定，他才会运用自己的智慧抓住一个个教育契机，引导孩子成为快乐的天使。

"有志者事竟成"，雷夫即如此，苏霍姆林斯基亦如此。苏霍姆林斯基在长达35年的教育生涯里，从未脱离过教育教学一线，从未停止过对教育的思考与研究。他每天5点至8点从事写作，白天工作，晚上整理笔记。丰富的实践和持续的思考，使他成为全世界的教育家。也许他们都太过著名。某些平凡的一线教师亦如此。有个教师叫吴樱花，连续3年关注一个离异家庭的孩子，并为他开设了一个专题。3年后，吴老师出了一本书《孩子，我看着你长大》，这个孩子也成为全昆山市的中考状元并考上了重点高中。

然而我们在现实生活中，却总是难以做到如此执着和坚定。回想起自己20多年的教育工作，也曾有过那样如火的激情。可往往却是在一阵新鲜劲过后归于平淡。比如，前些时候一度迷上了宋词，于是天天起来背诵，见景就思考如何填词。一时间，也填了那么几首词。后来，终感觉宋词是曲高和寡，就搁下了。又比如，2016年给自己订下了一个"我手写我心"的计划，计划每周写一篇读书心得，每周写一篇教学反思。开始还坚持得很好，可最近一个多月，自己便以工作忙，要完成各种任务为理由给自己"开后门""找借口"，好长时间都没有动笔了。

"为山九仞，功亏一篑。"雷夫的事迹告诉我们，一个人只要有坚定的信念，坚定的恒心，就会走得更快、更远。就一定能在自己坚守的那块土地上，开出一朵生命之花，就一定能登上最高的山峰，看到最美丽的风景。

让孩子"脱屏"

——读《第 56 号教室的奇迹 2》有感

雷夫是美国的一位既有趣又有影响力的教师，有超凡的智慧和卓越的教育才能。他在教师职业发展过程中一直在不停地探索与思考。《第 56 号教室的奇迹 2》，更是展示了一次伟大的教育旅程。本书以记述雷夫老师带领学生去观看一场棒球赛展开，最终告诉我们一个道理：不能抛弃"能让孩子快乐与成功的重要元素——守时、专注、选择、感恩和谦逊"。那么，如何在孩子心中植入这些元素呢？书中每一部分都为孩子准备了相应的"书包"，每读一部分都让人深受启发。正如作家尹建莉所言，"这是一本非常适合教师、家长读的书。"

虽然美国与我国国情、文化背景有差异。但书中提到的每一个元素，无论是范例还是"书包"，对我们都很适用。其中，对我们最有实际意义的就是如何让孩子远离屏幕。

读完书，正好看到孩子和家长关于"手机"所引发的矛盾，《家长请这样做！》一文讲了这样一个事：

广州的梁先生上五年级的儿子小浩，平时喜欢玩手机游戏，最近更是着了迷，不论是在马路上，餐桌前，还是床上，总是在低头玩游戏。家长不论怎么劝，小浩就是不听。梁太太经常对着梁先生唠叨，希望做爸爸的能解决这个问题。于是梁先生趁着小浩睡觉，把儿子手机里所有的游戏都禁用掉。第二天，小浩发现游戏点击了却玩不了，以为是手机坏了，立刻变得狂躁，把手机猛砸到地上，还踩了两脚。妈妈上去阻拦，小浩又拿起桌上的遥控器，往外一甩，砸到了一个青花瓷碗。那价值180万的古青花瓷碗，瞬间被砸碎了。

而某中学曾有一学生居然为类似事情坠楼。据称，坠楼学生为一高一文科班的学生，其父母常年在外打工，家里只有奶奶照顾他的日常生活。当天，他因玩手机被老师收缴想不开，中午午休的时候从学校楼上跳下。救护车随后赶到，将学生送到医院，但最终该生因抢救无效而死亡。

以上二例虽是极端，但也足见手机、iPad、电脑、电视等电子产品对人的危害。雷夫告诉我们，看太多电视对所有人都不好，特别是对年轻人影响更大。研究发现，卧室里有电视和没电视的孩子，在学习成绩上至少相差7～9分。电视让孩子反应迟钝，他们只是被动地观看，而且不需要专心。因此，教育孩子就是从让他自己自觉关掉电视，远离电脑、手机开始。这样就是增加他找到"康庄大道"的机会。

如何让孩子远离电子产品，雷夫提供了数个建议：设定孩子观看的时间。晚上即使作业完成，也不看电视。坚持原则，电视上没有什么事会重要到足以让你改变家里的规定。预先设定观看电视的时间表，卧室里不要有电视机。跟孩子约法三章。孩子有时候会叛逆、不受教，但千万不能放弃。如果你想要养育一个卓越非凡的孩子，就要有耐心，永远要以身作则，身先士卒。这样，优秀的品质才能在他们的性格与灵魂中扎根。

很多时候，家长因为在忙手上的活儿，或嫌孩子吵闹，就将手机、iPad塞给孩子，或让他们玩电脑游戏、看电视。这样，自己就可以安心做自己要做的事了。其实，这样是在对孩子实施"冷暴力"，让孩子产生孤独感。从孩子口中我们经常可以听到"好无聊！""没人陪我玩！"这样的话。他们需要借助其他事物来获得心灵补偿。于是，零食、电视、网络便成了他们最好的陪伴者。

更多时候是现在的家长本身也一样离不开这些电子产品。晨起第一件事就是看一下手机，刷一下微信。睡前则是，看电视，玩游戏，看朋友圈。就连孩子做作业时，家长坐在一边，亦是玩手机，以为只要在孩子身边就算是陪伴。

我们常说孩子是父母的镜子，你做什么他就学什么，这就是言传身教。父母做好表率，孩子才能学好。

有一位家长，在孩子上小学以前，几乎每天晚上睡前都是手机不离手，沉迷在手机电子书里，有时遇上好看的肥皂剧，一看就看到凌晨一两点，但随着孩子升入小学，她就彻底放弃玩手机了。她一心陪伴在孩子左右，陪孩子一起学习，陪孩子一起成长。孩子做作业时，她则在一边看她的课外书，为孩子的学习创造一个安静的环境。言传身教是给孩子最好的示范和教育。孩子平时学习时连碰都不会碰一下手机。这位家长做了一个实验：故意把手机落在孩子写字桌的边上，记住自己所放的位置，看看孩子是不是真有这个自制力。结果证明，孩子真是做到了，对手机视而不见。

那么孩子不看电视，不玩电子产品，他闲余的时间又该做什么呢？雷夫给孩子提供的"书包"里告诉了我们答案。

阅读。苏霍姆林斯基说，让学生变聪明的方法，不是补课，不是增加作业量，而是阅读、阅读、再阅读。鼓励家长和孩子一起阅读。当孩子浸在书中，爱上阅读之时，自然会将注意力集中到书上，而不会再想着看电视、电脑或手机了。

艺术。一支乐器，一支毛笔，一个图画本是很好的工具，可以帮助孩子达到更高程度的专注。假如一个小孩长期专注于此，收获的不仅是会吹或弹奏一首曲子，或是会画一幅画，会写一幅书法作品，还有看到成绩后的喜悦心情与自信。

游戏。玩是孩子的天性，孩子在玩中会开动脑筋，进行思考。既锻炼了脑力，又培养了坚韧不拔的意志力。

"养育孩子是一生的事业，因为有你，他们才能长大成为一个有价值的人。"教育是单调重复的，但只要有一种"扫大街也要扫得有模有样，如同莎士比亚在写诗"一样的态度，尊重、关心孩子，就能让孩子真正远离屏幕的伤害，就能让孩子健康快乐地成长！

准备就是一切

——再读《第56号教室的奇迹2》

"**起**床了，就要迟到了！"我的美梦被阿姨的呼唤声打断了，"已经七点三十分了！"

"什么？""快点儿呀！迟到了！"我一路飞奔，到了学校，已经喘不过气来了。

看看表，七点五十分，早读已经开始了。我蹑手蹑脚地走到教室门口，轻轻地敲了敲门，小声地说了声："报告。"

这是一位学生的作文《迟到》中的一个片段。迟到，在学生中是最常见的事。有上学迟到的，也有在集体活动中迟到的。上课迟到，也包括作业迟交的情况。青少年必须了解时间及其重要性。雷夫在《第56号教室的奇迹2》中告诉我们，善于察知时间对培养孩子良好的生活习惯会产生极为关键的影响。孩子必须理解，善于察知时间的人，也必将善用一生做伟大卓越的事。善于察知时间，就会精心规划、认真准备——准备就是一切。

准备就是严格遵守时间。"一寸光阴，一寸金。"时间的珍贵与重要性人尽皆知。但在我们的生活或教育中，很少有人重视时间教育。在学校，首先教师自己就没有时间观念。上课铃声响后，有些教师却还没有进教室；下课了，教师还在苦口婆心地讲解；上操铃响半天，教师才让学生走出教室。也有的教师无论上班是什么时间，他总比规定的时间晚几分钟。教师没有时间观念，学生自然也没有时间观念，自然也就会有迟到、迟交等现象的发生。雷夫说："最杰出的教师懂得，和学生相处的分分秒秒都很宝贵。"所以雷夫注意在每个场合教导学生守时：带学生观看棒球赛前，就讨论何时该从学校出发；带学生一起去旅行，提前到机场等等。每年在56号教室举行的莎士比亚戏剧节，像专业剧院一样，迟到者必须等到一幕戏的休息时间才能入场。学生从中自然也学习到守时的重要性，也明白了迟到者不该将自己的问题归罪于那些与他们不相关的人。

准备就是合理利用时间。孩子如果一人在家独处，他通常会做些什么呢？现如今，恐怕答案大多都是看电视、玩电脑游戏、看iPad、玩手机，特别是周末时间，情况就更严重。怎么去避免，雷夫有一个很好的练习，让全班学生都去做，去思考讨论：

星期五下午5点：离校。

周一早上6点30分：回到学校参加数学小组活动。

时间：有61小时30分钟可利用。

睡眠：每晚睡9小时，三晚共27小时。

除去睡眠时间，还有34小时30分钟可利用或浪费。这么长的时间，该怎样去有效利用呢？是一直坐在沙发上看电视或玩手机，静静地让时间流逝？还是合理安排做一些有益的事呢？如阅读、学习、听音乐等。

读到这里，我自然也想到自己。双休时间不也是一样多吗？那么我的时间又花在哪儿了呢？除了洗手的时候，日子从水盆里过去；吃饭的时候，日子从饭碗里过去；默默无语时，从凝然的双眼前过去外；坐下的时候，走路的时候，甚至上卫生间的时候都是离不开手机。清晨醒来的第一眼是跟手机打招呼，睡觉前的最后一眼，是跟手机道晚安，在与手机的亲密之中，时间便溜走了。

作为教师的最大的好处就是除双休日以外，还有寒暑假。如何安排则是一个很重要的问题。若没有规划，不能抓住时间，不能善待生命中的每件事、每分钟，终将让"过去的日子如轻烟，被微风吹散了；如薄雾，被初阳蒸融了"。终将会徒留感叹："我留下些什么痕迹呢？"

朱永新教授说："有闲暇时间恰恰是创造的前提。"时间是公平的，在同样长度的时间里，合理安排，更合理、更有效地利用时间，就会让时间多起来，就会有更多的机会。

准备就是懂得时间的价值。雷夫说："尊重时间的孩子明白，一件事情是否伟大全看它是否能通过时间的考验。"守时，合理利用时间是指当下，是指"今天"，而时间的价值则是"明天"，就是得经得起时间的考验，如贝多芬交响曲历经百年之影响，如中华文化经典历久弥新等，都是与时间息息相关的。而要做到经得起时间考验，就必须珍惜现在，用心去做好每件事，用现在去准备。

准备就是一切。准备了就不会让时间在手中白白地溜走；准备了，就不会有"我浪费了时间，而现在时间浪费了我"的感慨；准备了，就会让我们对时间的利用更合理，就会让我们的生命更加充实，也更加灵动。

让孩子像孩子一样长大

——读《童年的消逝》有感

童年不是存在于每一个人的成长阶段中吗？童年怎么会消逝？

看到《童年的消逝》这个书名，首先就有这样一个疑问。尼尔·波兹曼在这本书中，运用他对心理学、历史学的深刻见解，对这一问题进行了深刻的阐述："童年不同于婴儿期，不是生物学范畴，而是一种社会产物，是一种概念上的定义。"

"童年"的概念在中世纪以前是不存在的。15世纪中叶，印刷术的普及使"童年"的概念诞生了。随着社会的发展到1832年，随着电视、广播、网络以及其他电子媒体的飞速发展，"童年"渐渐消逝。这不仅在美国、欧洲如此，在中国亦如此。

的确，我们常常看到无论在哪里，人们都离不开手机，大人如此，孩子跟着也如此。常常看到家长因为忙于自己的事而放弃了对孩子的陪伴。放学后，或周末放假时陪伴孩子的只有电视、电脑、手机等电子产品。常常看到一些家长嫌孩子吵闹影响自己，就把手机拿给孩子当玩具，任其玩耍，手机成了孩子最好的玩具。

电子产品带来的即刻满足感，使个人及整个社会变得功利和浮躁。过去，每个家庭都有好几个孩子，家长大多粗放散养，放任孩子们自由生长。而现在，多数家庭只有一个孩子，家长们在孩子身上付出了更多精力和心力，对孩子提出了更高要求。例如，让孩子参加各种各样的培训班，希望他们提前学习，于是上幼儿园学小学的知识，上小学学初中知识；希望他们提前适应社会，于是小孩子去学大人的世故；希望他们专注、勇敢，追求自己的目标；希望他们能够控制自己的情绪，哪怕孩子内心已经火山喷发，也要求孩子装出一副心平气和的样子。家长总是急着让孩子学习，急着让孩子成长，急着让孩子像大人一样，却忽略了孩子只是个孩子，他们会犯错，他们有他们的稚气、天真和好奇之心。

电子产品被称为"视觉毒品"，具有某种魔力，容易让人上瘾。它之所以有这样的魔力，是因为它不断变化的声响效果、画面以及场景，能吸引孩子的注意力。如此一来，他们就很难对那些相对静止的活动保持专注了。而且看电视、玩手机的时间无异于"大脑活动停止的时间"，也就是变成"傻瓜"的时间。长时间沉溺其中，会大大降低孩子的思考力。久而久之，孩子思考的能力就被剥夺了。也因为电子产品内容上的开放性打开了孩子通往成人生活后台的通道，因而也使孩子的羞耻之心荡然无存。

因电子产品而使童年消逝，让人触目惊心。正如尼尔·波兹曼所说："不得不眼睁睁看着儿童的天真无邪、可塑性和好奇心逐渐退化，然后扭曲成为伪成人的劣等面目。这是令人痛心和尴尬的，而且尤为可悲。"

但毕竟电子产品的时代不可逆转。如何在新时代让"童年"不再消逝，让每一个儿童自由健康地成长，将是社会、家庭和学校的重大使命。"而学校作为学习文化的场所，将以这样或那样的形式成为防止'童年'消逝的最后一道防线。"

为此学校应该从"动""静"两方面入手，为学生铺就亮丽的生命底色。

从"静"入手，就是抓好阅读，为学生提供精神的滋养。尼尔·波兹曼说"阅读必须从早期开始"。因此，学校应该大力建设书香校园，营造书香环境，开展师生共读一本书、好书推荐、阅读成果分享交流、评选书香少年等各种各样的读书活动，培养学生的阅读习惯，让学生从书中学会思考、汲取营养。苏霍姆林斯基说，一所学校可以什么都没有，只要有了能够使学生和教师精神成长的书，那就是学校。只要有了书，学生就有了阳光，有了成长空间。

从"动"入手，就是抓好运动，提升孩子的健康核心素养。在阳光下自由奔跑是每个孩子的希望。孩子在奔跑、运动或者玩耍时，不仅身体会健康成长，还会增强自信心、锻炼意志力、培养习惯和爱好，自然也会远离电子产品。因此，学校应该大力开展体育运动，坚持阳光锻炼一小时，坚持做好"三操"。为学生提供进行身体活动的多种机会和环境，让每个学生有一项喜欢的运动项目，有一种简易的体育器材，如跳绳、毽子、呼啦圈、足球等。经常性地开展特色运动会，如足球联赛、趣味运动会、亲子运动会等。

孩子毕竟是孩子。因此，我们应该尊重孩子的天性，尊重孩子生命成长的规律，让孩子像孩子一样成长，让他们有更多机会享受童年。

"慎言而敏行"

——读《论语别裁》有感

"半部《论语》治天下。"被誉为"治国之本"的《论语》，一直为人们所推崇，因为它对治国、平天下具有无可估量的价值与影响。近期，认真拜读台湾国学大师南怀瑾写的《论语别裁》后，深深折服于他丰厚的文化底蕴、一丝不苟探究学问的精神、对《论语》整体的把握以及独特而精辟的见解。

之前读《于丹〈论语〉心得》，感受到《论语》的思想精髓在于把天之大、地之厚的精华融入人的内心，教人怎样才能过上我们心灵需要的那种快乐生活。而南怀瑾老先生的旁征博引和通俗、风趣的解读，又让我对《论语》耳目一新，对如何遵循天地人道，如何为人处世有了更深的理解。书中的核心观点"仁""孝""恕"与"信"，是为众人所熟知的。于我而言，"慎言而敏行"，也是我在工作中应当时时提醒自己做到的。

"慎言"，就是说话要谨慎。"敏于事而慎于言""君子欲讷于言，而敏于行。"为什么要"慎言"，因为"多闻阙疑，慎言其余，则寡尤"。

"慎言"，首先就是要"多闻"，要用耳朵去听说话者的言辞，全身心地去感受对方谈话过程中表达的言语信息和非言语信息。作为校长，就更应该多去听别人的想法和意见。

"慎言"即是要"纳言"。说话要慢，不匆忙下结论，不急于表达自己的意见。不过大脑，不全面考虑，信口开河等，都是不好的。所谓"言必适时，言必适性，言必适度"，即说话要看场合、看时机、看对象。要认真听清对方的话，充分把握对方话语里的信息。当问题解决不了时，要先放一放，缓一缓。或许该怎样回复他们的话，在这一放、一缓中就能找到答案。所以，"慎言其余，则寡尤"。

　　"慎言"，即是"谨慎言语"。谨慎是获得成功的必要条件。作家雨果说"谨慎比大胆要有力量"。因为在现实生活中，我们每个人的一举一动都会受他人的关注，所以，说话要谨慎地"如临深渊，如履薄冰"。但也正如南先生所言，谨慎与拘谨是两回事，慎言不是拘谨，更不是胆小怕事。慎言，应该是怀"知之为知之，不知为不知"之心，少说多听，从他人之处学习他人的直接或间接的经验，让自己在具体实践中少犯些错误，少走些弯路。

　　"慎言"，更是因为"言必行，行必果"。一旦说出的话，做出的决定，就要执行，校长就要让全体教师信服，因此更应"敏于行"。"慎言而敏行"，不是"巧言令色"，是"仁"，是尊重师生，是真正爱学校、爱教师、爱学生。是以言去感人，以行去践言，以行去带领全体师生。慎于言而敏于行，如孔子一样"三省吾身"，方可"亲仁"，而"有道正焉"。

说惩罚

四月的校园，那一树树的花，那轻飞于走廊上的娇燕，如诗如画。在这样美妙和谐的氛围之中，静坐于办公室，捧起约翰·洛克的《教育漫话》，静静而读，也不失为四月的一道美丽风景。

忽然，两个人匆匆地走进了我的办公室。一进门，男的便从提包里拿出一盒烟欲拆开分给我。后面紧跟着一个女人，怀里抱着一个几个月大的孩子，应该是一家子。"你们有什么事吗"？我问道。男的让他妻子说开了。原来，他们是学生家长。他妻子一边哄着孩子一边说："上周回去后，我孩子脸都肿了，问孩子是不是打架了？是谁打的？孩子半天不敢说，后来才慢慢地说是上课时，老师喊他，他没听到，老师就打了他一巴掌。"他们找到我，而没有找老师，是担心老师因此对学生态度更不好，甚至不管。

又是体罚。为什么学校多次强调，并制定了一系列相关制度，体罚仍有发生呢？

洛克先生说："鞭挞是人们在惩罚儿童时通常采用的偷懒的及简单的方法，这是教师一般所了解的或能想到的管理儿童的唯一工具，但却是教育上最为不当的一种方法。"体罚，"除了使儿童对于他们不好的行为产生一种羞耻与憎恶之外，绝不会再有别的益处"。学生因为没听清教师说的话而挨打，学生的心思也绝不会马上转到学习上，只会对教师的行为反感、憎恶。

"倘若惩罚用得太多，变成了家常便饭，便会完全丧失效力。"这一点，教师不是不知道。那些不爱做作业的学生，你今天用教鞭惩罚了他们，出于畏惧，他们或许会顺从、会听话，并保证明天一定做。这只是暂时为迎合教师的意思，佯装知错罢了。过几天，又旧病复发，渐渐就会不以为然了。短时内的体罚可以免除教师的烦恼了，但这样的体罚也就变得毫无意义了。

体罚如果不能产生良好的结果，便会引发大的弊端。它如果不能触及学生的心灵，使其意志变得柔顺，就可能使肇事学生越发顽梗。无论他因此遭受了多少痛苦，不但不思改悔，反而使他更加珍爱他所喜欢的顽梗的脾气。《放牛班的春天》，就是一个最生动的事例。"池塘底"教养院里的院长对那些学生简单粗暴，学生动辄就被关禁闭，教育者和受教育仿佛是警察与犯人。纯真可爱的学生被当成流氓、无赖、混蛋一样被管教，稚嫩的学生被推向了爱的边缘，绝望的深渊。这些学生没有因此而变好向善，相反却是更叛逆，如跟校长、教师对打等。但马修老师与院长不同，他不会随便体罚学生，哪怕学生真的让他很生气。相反他往往在不同场合维护着学生。即使要惩罚学生，他也会采用不同的方式。比如，他让乐格克去照顾麦神父而不是将他送到校长室去接受体罚。所以当我们看到乐格克因自己的错误做法而流泪时，我们也就看到了马修老师做法的真正目的。面对一群桀骜不驯的学生，马修老师明白简单的体罚并不能在学生中间树立真正的权威。他理解学生调皮捣蛋的天性，更理解"人之初，性本善"。所以马修老师宽容，理解，关心这些学生，从而让这些被称为"放牛班"的学生也看到了春天。

那么该如何避免体罚，更有效地教育学生呢？《教育漫话》，给了我很深的启发。

尊重儿童。我们面对的是一群充满个性的鲜活的生命，儿童的身体、心理发展还不成熟。他们所做的天真的傻事、游戏，他们粗枝大叶、无忧无虑、打闹逗乐等稚气的行为，是儿童时期的特征，是完全可以任其自由，不必加以丝毫干涉的。人是易怒的动物，那些以体罚代教导的教师，大多是让激情混杂在其中，比较感情用事。不妨"先处理心情，再处理事情"。在学生犯错时，教师不要受情绪支配，当着别人进行批评，而应尊重儿童，保护儿童的自尊心。倘若在大庭广众之下宣布他们的过失，使其无地自容，他们便会灰心丧气，使致命钳制他们行为的工具都化为乌有。

激趣为主。洛克先生说："儿童应学之事，绝不可变成一种负担，也不应当作一种任务去强求他们。"儿童想做的事情，做起来自然会兴高采烈。儿童兴致高涨时，学习效率要好上三倍，然而勉强或被迫去做时，就要花费双倍的时间与辛劳。教育的目的是唤醒，因此教师们要在教学实践中遵循儿童身心发展规律，以游戏、活动或直观地贴近学生生活实际的内容进行教育。可以创设一个有利于张扬学生个性的场所，让学生的个性在宽松、愉悦、自然的氛围中得到释放，展现生命的活力。

奖惩结合。"儿童对于称赞与奖励，也许比我们所想到的还要早一些，是极其敏感的"。当儿童受到称赞时，会得到一种受人尊重、认可的愉悦感，这是有利于儿童成长的。因此，当儿童应当受到赞扬时，就应当着众人的面去表扬他。当儿童受到赞扬之后，经过大家的一番传播，奖励的意义就要翻番。但如果儿童在故意犯错之时，就必须严厉批评，在问题发生的第一次就必须纠正，并且让儿童从内心认识错误。

教育是慢的艺术，更是心的艺术。只有当我们真正尊重理解学生，真心关爱学生，才不会有体罚，才会让学生更健康的成长，才会让这人间四月天更美。

"童年"来梦中

——读《我们这些大人》有感

因为课文《白鹅》，知道了丰子恺。喜欢上了他的画，他的画清新、简约，虽只是寥寥几笔，却总能让人会心一笑，尘虑顿消。也喜欢上了他的文字，如画一样"于平实之中寓深永之致"，令人心境平和。因此，相继读了他的《活着本单纯》《此生多珍重》《缘缘堂随笔》。这次又读到《我们这些大人》。读完丰子恺先生的作品，感受极深的是流露于字里行间的童心、童趣，似临一潭碧水，如沐月光。

童年，在我们每个人心中都是美好、自由、快乐的，如林海音冬阳底下学骆驼咀嚼，又如萧红"祖父栽花，我就栽花；祖父拔草，我就拔草；祖父浇菜，我也抢过来浇，但不是往菜上浇，而是拿着水瓢，拼尽了力气，把水往天空一扬"。而古诗词中"不脱蓑衣卧月明""溪头卧剥莲蓬""忙趁东风放纸鸢""争骑一竿竹，偷折四邻花。笑击羊皮鼓，行牵犊额车。中庭贪夜戏，不觉玉绳斜"等将童真、童趣表现得更是淋漓尽致。

这样的故事，也充盈在我们每个人的童年中。"老鹰抓小鸡""跳房子""捉迷藏"这些游戏玩一万遍都不会觉得烦。爬树掏鸟窝、潜水摸鱼虾、上山摘麦楂、下地捡稻穗，三五成群，从来都不要人叫。拿竹竿偷敲邻家的枣树、跑到队上的瓜田偷瓜，火堆烧玉米，地里烧红薯，那种刺激与味觉的享受，让人觉得这就是世上最好吃的东西。夏天捕蝉，装萤火虫做灯；双抢时节，在队里晒场里的稻丛中乱窜、钻草垛；冬天打屋檐下的冰凌、敲冰块。每个季节，每个日子都能找到属于我们的欢乐。至今回味，仍是那样美好、快乐。

那时的我们是"出肺肝相示""彻底的真实而纯洁""无论干什么事都认真而专心，把全部的力量拿出来干。哭的时候用全力去哭，笑的时候用全力去笑，一切游戏都用全力去干。干一件事的时候，把这事以外的一切别的事统统忘却。一旦拿起了笔写字，便把注意力全部集中在纸上。纸放在桌上的痕里也不管，衣袖带翻了墨水瓶也不管，衣裳角拖在火钵里燃烧了也不管"。

龚自珍在《己亥杂诗》中这样写道："少年哀乐过于人，歌泣无端字字真。既壮周旋杂痴黠，童心来复梦中身。"少年时代，保持着童心的纯真，悲哀是热烈的，快乐也是热烈的，歌与泣虽说不明来由，但不掺杂一点儿虚伪造作，是生命的真实。然而天真无邪的童心总会被现实的世界侵蚀、损坏。成年以后，"因为受实际的生活和世间习惯的限制"，与世周旋，不得不计较。特别是现在社会，因为生活的节奏快了，高竞争，高欲求，更让人浮躁。工作浮躁、生活也浮躁。正如《五灯会元》记载大珠禅师所言，他们吃饭时不肯吃饭，百种须索；睡时不肯睡，千般计较。"真的心眼已经被世智尘劳所蒙蔽"。不肯花时间和耐心仔细观察一件事，不肯踏踏实实地去干一件事。因而比较起儿童的天真、健全、活跃的生活来，是一个可怜的残废者了。

晚明思想家李贽认为："夫童心者，绝假纯真，最初一念之本也。若失却童心，便失却真心；失却真心，便失却真人。"

童年对于成年人，只是一个温柔的梦。但我们不能遗忘了心中那个曾被自己珍视的角落；我们也不能因为童年的美好而否认这个世界的合理性，逃避人世的责任和挑战；我们更不能因为这个世界的现实而放弃自己感受单纯和真实的权利。

因此，纵使身处困顿，依然不要忘记抬头看看那柳梢的月、檐角的星。当我们置身于职场时，我们或许会因为工作繁重而厌倦，或许会因为付出却没有回报而抱怨，或许会因为工作单调而迷茫。我们不妨回到故乡，回到童年生活过的地方看一看，找一找当年的印迹，回忆童年的那些趣事，卸下沉重的面具，重拾童年时的敏感、纯真和美好，还有一个孩子对这个世界最初的那份期待；不妨一个人选择一条幽静的林荫小路，关掉手机，摒弃一切尘扰，静静地走一走，在大自然中聆听自己的心跳；不妨捧一本书、一杯茶，在书香、茶香中，静静地将自己的思想倒空，倾听自己心灵的声音；也不妨仰望星空，寻找属于自己的星星，去感受那份甜蜜与快乐。为自己创造一个充满童真的世界，以滋养自己的童心、找回自己的本心。这样才不至于当往事在梦中浮现、童心在生命中出现之时而心惊。

丰子恺说："我相信一个人的童心，切不可失去。大家不失去童心，则家庭、社会、国家、世界一定温暖和平而幸福。"

为师当存敬畏之心

——读《教育是慢的艺术》

《**教**育是慢的艺术》是张文质先生关于教育的系列演讲稿。他以强烈的现场感，表达了他对教育的理解与信赖。以博大的智慧，告诉我们教育是基于生命和贯穿生命的，"生命化"是教育的本质。正如他所说："教育源于对生命的敬畏、对生命的珍爱，教育因而是一件极其谨慎的事。"

"敬畏"在《现代汉语规范词典》里解释为"既敬重又害怕"。教育是一项极其崇高的事业，它直接关系国家人才的培养和民族未来的走向。人人都须"敬重"、还要"害怕"教育，因为教育是一件很难办好的事业，非倾尽全力不能奏效，稍不留意，就会出错！

对生命的敬畏，首先在于增强生命意识。生命只有一次，对于谁都是宝贵的。曾听到某单位员工，见厂里有一只狗，便一起围杀、活剥之，非常残忍，这是对动物生命的不珍视；某学校的一段校园欺凌视频在网上传开，视频中学生对自己同学恣意地殴打、侮辱，这是对他人生命的不珍视；更可悲的是一些学生因为很小的事而跳楼自杀，把无尽的痛苦留给身后的亲人，这是对自己生命的不珍视。所以，教育首先就要培养每一个人对生命的敏感、警觉，对生命至高无上的珍视、敬畏。教师要充分利用好教材与生活中的资源，对学生进行生命教育，如小学四年级《语文》下册第五单元以"热爱生命"为主题，选取了《触摸春天》《永生的眼睛》《生命生命》和《花的勇气》，让学生体会生命的权利、价值；感受生命的美好；培养学生珍爱自己生命，努力实现自己生命价值的意识。苏明进教师在自己的班级中让学生参与"驯养椿象""收养流浪狗"等活动，培养学生关心热爱自然界一切生命，帮助他人延续生命的美德。

对生命的敬畏，也是对生命的尊重。儿童在成长的过程中，往往是与世界隔离的，越是与儿童亲近的人，对儿童的影响就会越大。因此，教师在儿童一生的成长中具有重要作用。"教师不仅是知识的传递者，更重要的是，是作为具体的一个人在影响、默化、润泽着班上的每一名学生……"苏霍姆林斯基也这样说过："如果一个人没遇到好老师，他可能是一个潜在的罪犯，如果能遇到一个好老师，他再坏也不会坏到哪里去。"

王维审老师讲过这样一个故事：有一次他在街上带儿子理发时遇到一位曾经的学生，学生叫他，谈起当年的学习，认为读书是无用的。王老师此时心凉一截，但还是极力维护教师的尊严："可能很多知识是没用的，但这些知识可能会在不知不觉中改变你，这些年的教育真的没有给你留下什么吗？"那位学生这样回答："要说有的话，也不是知识。一直记得在学校运动会上200米比赛我跑了个冠军，你给我颁奖时对我说的话，'什么时候也别忘了你冲刺时高高昂起的头，要抬起头来，没有什么是不能征服的'。也就是这句话让我觉得自己是个强者，当我在摆地摊时，当我找不到路时，我就想起这句话，我也一直保留着你给我拍的那张冲过终点线的照片，是它给了我自信。"

正如习近平总书记所说："一个人遇到好老师是人生的幸运。"老师的一句话能给人自信，给人一生的力量。同样，一句话也会带给学生痛苦和失败。

教育不是工厂，不是设计、制造商品，教师面对的是一个个鲜活的生命，一个个个性迥异的学生。教师的工作是"生命在场"。教师对学生的一个眼神、一句话很可能会决定这名学生一生的命运。因为教师的工作直接关系学生心灵的健康、纯洁与否，所以教师应当如履薄冰、慎之又慎。

对生命的敬畏，也是对生命成长规律的遵循。万物成长皆有规律，"唯天下至诚，为能尽其性；能尽其性，则能尽人之性；能尽人之性，则能尽物之性；能尽物之性，则可以赞天地之化育；可以赞天地之化育，则可以与天地参矣"（《中庸》）。学生，生为人，都是"生物性"或"生理性"的生命，其成长又何尝不是如此？因此，教师应当遵循学生生命成长的规律，顺应学生的自然状态，发掘学生的独特天性，唤醒他们的生命自觉。

人的成长有三个重要阶段。第一个阶段是0~6岁，第二个阶段从7岁开始到12岁，第三个阶段是13~20岁。三个阶段中，孩子的生理、心理发展水平是完全不同的，也是在不断发展变化的。因此，教师不能以固定的、一成不变的眼光看待学生，要发挥学生的潜能，了解他们的性格特点、兴趣爱好，让学生成为一个全面发展的人。同时，学生因为个性以及家庭、生活环境的影响具有多样性，在成长的过程中肯定会存在差异，也难免会犯各种各样的错误，并且教育也存在反复性。因此，教师应具有神圣的使命感、强烈的敬业精神，站在学生的角度去理解学生、宽容善待学生、容忍学生的错误、容忍学生的"并不优秀"和暂时落后，给学生以时间和空间，等待每个学生有智慧上的觉醒，相信每个学生都会有自己的春天，"静待花开。"

诺贝尔说："生命生命，那是自然给人类去雕琢的宝石。"心存敬畏，方有所止；心存敬畏，方能无畏。

唯有痛苦才会带来教益

最近看过一则故事。

由丹尼·鲍尔执导，詹姆斯·弗兰科等人主演的《127小时》，是一个真实的故事。远足者阿伦·罗斯顿在犹他州的一次远足中，因为在一个偏僻的峡谷被掉落的山石压住胳膊而无法动弹，孤独地被困在那里。在接下来的5天里，罗斯顿精神上经受着巨大的考验，同时也审视着自己的人生。更重要的是，他需要利用各种条件想办法脱离险境。终于，他痛下决心，以惊人的勇气给自己的胳膊做了截肢手术，并攀下20米的谷底，同时忍痛步行8千米，最后获得营救，成功生还。

如果罗斯顿不能忍受断臂之痛，就会永远困在峡谷之中，绝不可能生还。

"人生苦难重重"，这是个伟大的真理。但我们很多人都不愿正视它，面对困难、遇到问题就慌不择路、望风而逃。有的人不断拖延时间，等待问题自行消失；有的人对问题视而不见，或尽量忘记它们的存在；有的人甚至以别的方式麻醉自己，想把问题排除在意识之外，换得片刻解脱。我们总是规避问题，而不是与问题正面搏击；我们只想远离问题，却不想经受解决问题带来的痛苦。

某高校一位女孩军训时脚扭伤了，当时便哭着打电话给家里，让家人接她回家。家里人不知情况如何，特别担心，连夜租车赶到学校将女孩接回。检查发现其实并无大碍，如果当时在学校医务室简单处理下就好了，因此让她休息两天后，送她去学校。这时候，女孩又闹腾起来了，怎么也不肯回去。原来，女孩只不过是借机回家，以躲过这一月军训之苦。

更有甚者，一位高中男生，因上课玩手机被老师批评、收缴手机。午休的时候居然在学校跳楼身亡。另一位男生，因为怕高考发挥不好，不能取得好成绩，在高考前夕跳河身亡。

现在的中小学生，绝大多数都沉浸在家庭的"爱"的怀抱中，尝到了父辈所未能尝到的"甜果""饭来张口，衣来伸手。"父母生怕孩子在外受委屈，满足孩子的一切要求。"出人头地"的育子观念，使得父母对孩子的期望值不断升高；"升学第一"的教育观念又使得父母与孩子们只盯着分数和名牌学校。父母事事包揽，抵挡了一切"风风雨雨"，但与此同时，孩子们也失去了面对困难的勇气和解决问题后获得成功的喜悦。

不经历风雨怎么见彩虹。因此，学校要充分利用课堂，积极开展各种各样的班队活动，社会实践活动等。为学生搭建平台，设计各种问题，通过多层次的训练、多角度的渗透，促使学生积极面对问题，动脑筋、想办法，学会解决问题。让学生面对解决问题的痛苦，才能让学生得到最好的学习。

美国开国先哲本杰明·富兰克林说过："唯有痛苦才会带来教益。"问题和痛苦具有非凡的价值。勇于承担责任，敢于面对困难，才能够使学生心灵变得健康。

修己，为人师

——读《做一名学生喜欢的老师——我的为师之道》有感

很惭愧，知道于永正老师很晚。2014年，全国小学"语文主题学习"研讨会在武穴举办之时，大会给每位参会的老师准备了一本书《于永正：我怎样教语文》，那时才知道于老师。也很庆幸，作为一名语文老师，于老师让我对小学语文教学有种茅塞顿开的感觉，于是又买来了于老师的《做一名学生喜欢的老师——我的为师之道》《于永正课堂教学实录》等，一遍又一遍地阅读、学习、模仿、实践后，让我知道了语文教学到底该教什么。但很遗憾的是，2017年12月8日，一代语文名师、著名小学语文教育专家于永正先生与世长辞，一颗基础教育界的巨星陨落！

古人言："经师易得，人师难求。"于老师赋予我们的不仅是语文教学的方法，更多的还是心灵的启迪与人格的提升。虽然知道于老师很晚，也没有见过于老师，更没有现场上课，但于老师的思想、精神却已然深入我心。

《做一名学生喜欢的老师——我的为师之道》，是于老师从教30多年的全面总结，是他的"封笔"之作，更是他50年的语文历程。于老师的50年，不仅仅是教语文，更是在关注一个个生命的成长，在点燃学生心中的梦想；于老师的50年，是用全部的身心把自己的事迹编写成一本教科书，去引导、关心、润泽一个个鲜活的生命。

一、修身，如甘草般的温暖

修身重在修心。王阳明认为，人的一切本性均来自心。"圣心如明镜，无物不照"。因此，于老师给学生交出的"名片"，正面写着两个大字：微笑；下面写着三个关键词：尊重、理解、宽容；反面写着两个大字：负责；下面也写着三个关键词：严格、顶真、耐心。

于老师有一颗甘草般的心，温和、宽厚、包容、调和。于老师说："做甘草，就是做个好人，是好人才能成为好老师，才能成为学生喜欢的老师。"他自比为甘草，有过之而无不及。他如甘草一般对同事、对学生。因此，学生迟到了，他从不批评、甚至怀有敬意；学生发生争吵，他会平和以待；学生劳动，他一样参与；学生上课不听讲，他会幽默微笑处理。

于老师还有一颗赏识的心。每名学生都渴望得到老师的喜欢，所以，他很注意自己的每一个举动，一个微笑，一句话，一件小事，一件小礼……他会拿放大镜看孩子的优点。

更难得的是于老师有一颗永不泯灭的童心。他说："教了50多年书，最终把自己教成了孩子。"但恰恰是他和学生在一起时像个"老顽童"，像个"没长大的孩子"，才会让学生围着他转，才会让学生喜欢；恰恰是他带着学生一起赏花、游戏、钓鱼、参观、划船、野炊、露营等时，才会让师生融为一体，才会让教育变得简单而轻松；恰恰是他把自己当成孩子，才会理解学生，去想学生之所想，做学生之想做，才会给学生留下美好的回忆。

所有的心，归于一心，那就是于老师对学生的"爱心"。他以一片真情喜欢着学生，因而，学生也加倍喜欢着老师。

二、修艺，编精美的无字书

于老师明白教师就是一本教科书，一本学生天天看的"无字之书"。所以，他在学生面前无时无刻不谨言慎行。他要求自己："穿戴不敢随便，字迹不敢潦草，说话不敢随意，态度不敢生硬，错误不敢不认，行动不敢落后，备课不敢马虎，书报不敢不读。"

于老师深知做教师就得有真本领，所以，他在平常从未放弃教学基本功的练习，所以他这本"书"里有一手好字、有绘声绘色的朗读、有生动的"下水文"，还有京剧、京胡等。

于老师清楚做教师就是做文化人。他相信以文"化己"，而后才能"化人"。所以，他成为终身的阅读者，坚持阅读与写作，并在读写中思考、提升，成就了自己，也成就了学生。

三、修课，做最简单的呈现

看于老师的课堂实录，感觉每节课都很"简单"。例如，讲《翠鸟》这一课时，他以联合国绿色和平组织成员的身份到班上做"采访"；讲《狐狸和乌鸦》这一课时，他和孩子一起表演；讲《草》这一课时，他在黑板上画出不同季节的草；讲《祖父的园子》这一课时，他让学生阅读课文去找能看到的和看不到的；讲《慈母情深》这一课时，他以朗读的形式贯穿全文；等等。无不简单却又让人眼前一亮。他让学生学有所获，他让课堂变得轻松。

于老师的课"是课非课""有意思"，这源于他把握住了语文教学的"根"，以及他对教学的感悟。他始终坚持把时间和空间留给学生。他的深入浅出，看似非常简单，却包含他对教材精准的把握，对学生的理解。他在"浅出"上花的工夫，远比在"深入"上花的工夫多。每篇课文教学前，他先自己读熟，先自己琢磨如何将字写规范。他更注重课堂教学"生活化"，通过游戏、活动等学生喜欢的方式让课堂生活化一点儿、随意一点儿、放松一点儿。

于老师的思想我奉之为圭臬，常常反复阅读他的书，常常反复看他的课堂实录。受他影响，当学生拿着一块小饼干给我时，我不是用手去接，而是像孩子一样把嘴张得大大地去接；课间我会和学生一起掰手腕；讲《狼牙山五壮士》"纵身一跃"，讲到关于"跃"与"跳"的区别时，我从讲台上进行跳、跃示范；讲《两个铁球同时着地》时，我站在高高的讲台上一手托乒乓球，一手拿篮球同时下落做示范；讲《詹天佑》时，我给学生戴上不同身份的"高帽子"，如画家、摄影师、记者、詹天佑的代言人等。每一次课前，我也坚持先把课文读熟；每一篇教学设计，我也坚持整体把握教材，简单教学；每一次上课，我也坚持蹲下身子和学生"套近乎"，变着法子给学生"戴高帽"，花费心思帮学生"找梯子"；每一次课后，我也坚持写教学反思，课余坚持阅读写作，并出版了自己的个人文集。

　　我不断地学习与实践，让自己的课堂也充满了亲和力。我相信，只有不断学习，不断提升自己的修为，方能成为"明师"。让自己生命的那束光在不惑之年，依然明亮，也更让自己坚信，"此心光明，人生光明"。

相信孩子，人生就会翻转

——读《翻转人生的教育》体会

《翻转人生的教育》一书的作者，也就是书中的主人公，高中教师乔治·古斯里奇。当时深受抑郁症之苦的他债台高筑，不得不接受一份到阿拉斯加教书的工作。在那里教书工作五年能获得比同类工作高出三倍的薪水。他对自己能否做好这份工作并无信心，但是他已别无选择。

乔治就职的尤皮克学校位于远离美国本土的白令海峡的圣劳伦斯岛。这是一个爱斯基摩人生活的地方。相比常年-50℃、冬季可达-70℃极寒的居住条件来说，更大的困难是岛上阿拉斯加州原住民对他们的态度——到岛上的第一天他们就让他滚回自己的地方！他可以清晰地看到孩子们脸上介于憎恨和厌恶之间的神情。

故事里的学生，是一群调皮捣蛋不服管的"笨"学生。他们对小岛之外的世界知之甚少，他们被贴着"朽木不可雕"的标签。他们极度缺乏适合自己阅读的书籍，更不会使用电脑。在前任老师的眼中，那些学生大部分是不能教的，他们被视为阿拉斯加教育的弃民。大部分教师都坚持不到最后，中途都会辞职。然而，就是这样一群来自阿拉斯加落后学校，一群来自不毛之地的顽皮学生，竟夺得了美国历史上最具难度的"未来问题解决"项目知识竞赛的冠军。世界著名高校开始纷纷向这些来自小渔村的学生敞开大门。

乔治·古斯里奇为什么能获得成功？我想除了他对学生独特的训练方法、对信念的执着坚定之外，更主要的是他对学生的宽容与接纳。

佐藤学教授说："好的教学应该是尊重每一个孩子的尊严，相信与接纳每一名学生。"乔治就是这样做的。第一次进教室，学生做各种恶作剧，他理解；学生上课时不想听而去打篮球，他也理解。被爱斯基摩小孩用石头攻击他的两个女儿，喊着"白人垃圾！白人垃圾！"的时候，他依然以一个父亲和朋友的眼光去对待这群孩子，去感受、去尊重、去发现他们没有被唤起的内心的善良。学生也终于接纳和相信乔治了，按照他的要求一步步地去训练，去学习，一步步地成为州以及全国大赛的冠军。

宽容接纳每一名学生是对他们的仁慈与关爱，是对他们的尊重与理解，更是对他们的信任与激励。我们常说的"静待花开"，便是如此。回想起来，在孩子婴幼儿时期，我们对他们的牙牙学语，对他们的蹒跚学步，哪怕他们做了在我们大人眼中是错误的事，我们都能接纳，为什么？因为我们抱有一颗为人父为人母的慈心。可当我们担起教师的职责之时，却往往忽视了这些，更多的是急于在学校这样一个"工厂"里去培训，去要求学生整齐划一。每个学生都如花一样，花期各不相同，所以我们应该给予他们充分生长的阳光雨露，尊重他们的个性，在课堂上给他们"留面子"。对于那些不能完全自律的学生，用一个眼神，一个手势去提醒他们，相信他们慢慢也会"花开"。

"给孩子一个空间，他就会给你一个舞台。"我们要相信每个孩子都是特别的，相信"道法自然"。用我们的爱心、耐心、欣赏、赞美、微笑去对待每一个孩子，那样他们就一定会还给你一个惊喜，一定会让他们的人生翻转，同时也让你自己的人生翻转。

音乐之美

——我看电影《肖申克的救赎》

电影《肖申克的救赎》中有这样一个片段：杜弗伦从外面的捐赠中发现了一张唱片，于是他跑进典狱长室打开了扩音机，顿时音乐在监狱中响起。音乐声中出现了一段杜弗伦的心理旁白："我从未搞懂她唱的是什么，其实我也不想弄懂，此时无声胜有声。她们唱出难以言传的美，美得令你心碎。歌声直入云端，超越失意囚徒的梦想，宛如小鸟进入牢房，使石墙消失得无影无踪。就在这一瞬间，鲨堡众囚仿佛重获自由。"杜弗伦因为放音乐而被狠打一顿，并被关禁闭两周。出来后，牢友问道："关两周值得吗？"杜弗伦说："有莫扎特陪我，值得。音乐在我心底，音乐之美是夺不走的。有音乐才不会忘记，世上有些地方是石墙关不住的，在人的内心有他们永远管不到的东西，完全属于你的——那就是希望。"

杜弗伦不顾被狱警毒打，宁愿关禁闭两周。为什么呢？是因为音乐，因为音乐美得令人心碎，因为音乐燃起了他心中的希望。

也因为音乐，美国著名小说家欧·亨利笔下的苏比，一个好吃懒做的无赖之徒，宁愿"罪恶累累"地创造机会进监狱避饥寒，也不愿动手劳动。但当他听到钢琴师弹奏《赞美诗》时却清醒了，这音乐声使他想起了母爱、玫瑰、朋友、雄心……他猛然对他所落入的泥坑感到憎恶，为那堕落的时光、低俗的欲望、心灰意冷的劣性、不良的动机而感到羞愧。音乐之美，如同一股清泉，洗涤人的内心，唤醒人的善念。

同样是音乐，在《放牛班的春天》中，才华横溢却失意的音乐家马修，来到了一个外号叫"池塘底"的辅修学院。这里的学生大部分都是问题缠身、极端叛逆、桀骜不驯的儿童。而校长则以残暴高压的手段管治这帮问题少年。马修尝试运用音乐来打开学生封闭的心灵，组织了一支合唱团。音乐净化了学生的心灵，也给他们的人生带来了巨大的影响。我们可以猜想，如果没有马修老师，那些对这个世界满是敌对眼神的学生长大后会是什么样？他们是幸运的，在那样的环境中，他们没有被抛弃，他们因为音乐建立了自信，赢得了尊重。他们对自己的未来不再迷茫，每个学生都找回了新的有价值的自己。

音乐独有的旋律，饱含的深情，可以唤醒与净化人的灵魂，对人性的形成和发展具有不可估量的作用。可在当下，不仅在幼儿园和小学，而且在初中、高中，都因为对升学率、对分数的重视，将语、数等学科作为重点，而将音乐、美术、体育等学科列为非重要学科。音乐教师配备不到位，课表上音乐课的课时数被削减，语文、数学教师时不时还会挤占音乐课，音乐教师也自然地认为自己的课可上可不上，随便混时间。

没有音乐的世界是冰冷的，没有音乐的学校也必定是死气沉沉的。整天陷入课本与题海中的学生又何谈快乐。"教育绝非单纯的文化传递，教育之所以为教育，正是在于它是一种人格心灵的唤醒"（马克思）。而音乐恰恰是最好的唤醒，既可让学生调节情绪，使孩子放松心灵，又可以提高学生的学习能力，提高智商。雷夫在《第56号教室的奇迹》中谈到，每学期，他会在教室里举办一次长达两个多小时的音乐会。其间，他会为每个学生准备在剧场能听到的所有音乐节目的CD，然后让学生去介绍有关这些节目的音乐家并弹奏其中的部分篇章。而学生也因为音乐得以安静，心灵得以净化。

《礼记》有云："广博易良，乐教也。"音乐能使人由好变坏，由平易变得善良。《论语》也有："兴于《诗》，立于《礼》，成于《乐》。"有了音乐的教育熏陶，方可实现最高人格的养成。因此，请让音乐在校园里响起，请让音乐在教室里回荡，请让音乐在学生心中流淌。

有诗就有远方

——读《中国古典诗词感发》有感

《中国古典诗词感发》是中国古典文学研究专家叶嘉莹女士，师从顾随先生学习中国古典诗词时做的笔记。叶女士在半生流离辗转的生活中，竟一直随身携带当年听先生讲课时的笔记，唯恐丢失。其真挚用心令人感叹，感叹顾随先生思想、学识、胸襟的博大精深。"经师易得，人师难求。"顾随先生以诚示人，以真问道，将诗词与人生，学诗与做人之精华妙义，"放野马"般潇洒道来，给予人心灵的启迪与人格的提升。

读完书，既让我对中国古典诗词有了一个新的了解，得到了写诗、创作的新的启迪，同时也打开了一扇教学诗词的新窗户。而先生在字里行间告诉我们对人生、生活的态度，却更让人受益。人可不为诗人，却不可无诗心。

今天，我们太多的人会疑惑，在现代忙碌的生活中，诗对于我们究竟是一种必需品，还是一种奢侈品？第三季《中国诗词大会》刚刚落下帷幕，"外卖小哥"雷海为，过关斩将，击败北大硕士获得总冠军，惊呆众人。一个"外卖小哥"为何能逆袭夺冠？他为何有如此深厚的诗词功底？董卿的点评给了我们答案："更难能可贵的是在如此辛劳奔波也并不富裕的日子里还能够有这样一颗爱诗的心。"

其实每个中国人，无不是伴着诗词成长的，如"谁知盘中餐，粒粒皆辛苦""欲穷千里目，更上一层楼""床前明月光，疑似地上霜"等，这些诗词无不在我们漫长的一生中，伏脉千里，总有一天，有一处风景，会让它自然地滑脱而出。所以诗心一直都在我们心里，只是因为我们沉迷于社会现实，沉迷于每天的忙碌中而被遮蔽了。所以，在21世纪的今天，我们如果愿意让自己的心灵有所托付，唤醒自己，就需要准备好一颗中国人的"诗心"。

诗心，是一颗"真"心。"《诗》三百，一言以蔽之。曰：思无邪。"顾随先生说诗是在感动人，是"推"，是"化"，感动就在于"真"，因为"真"便可"推""化"。换言之，唯有用"真"才能写出诗来，"真"便是一种生活态度。

林语堂先生说，"真"是一种悲天悯人的意识，使人对大自然寄予无限的深情，并用一种艺术的眼光来看待人生。当我们面对天地万物，面对山川河流，面对春花秋月甚至草木生长之时，我们的心灵便产生波动，像陶渊明一样"采菊东篱下，悠然见南山"，像王维一样"行到水穷处，坐看云起时"。我们将心灵的感动和天地万物融为一体，使自己与自然合二为一，从而更深刻地认识自己、唤醒自己、抵达真实的自己——率真与坦诚的自己。

"真"要和人的生命、生活发生关系。雷海为告诉我们，真正的诗意，不应只有在优雅时光里赌书泼茶、莳花弄草的那份闲情逸致，而更应该有纵使身处困顿，依然不忘抬头看那柳梢的月、檐角的星的心。正如王尔德的一句话："吾辈皆身处沟渠之中，然其必有仰望星空者也。"当我们置身职场时，我们或许会因为工作繁重而厌倦，或许会因为付出而没多少回报而抱怨，或许会因为工作单调而迷茫。你不爱这个职业，那么这个职业也不会爱你，自然你也不会从中获得乐趣。只有当我们真心对待每一份工作、真心对待每一个同事、真心对待自己的亲人时，那么，也会自然地发现生活中的美丽与诗意。

诗心，是一颗寂寞心。"朱弦一拂遗音在，却是当年寂寞心。"诗心必是寂寞心。寂寞心必能看见"树树皆秋色，山山唯落晖""白日依山尽""忽与一觞酒，日夕欢相持""不知而不愠，不亦乐乎"。但现代科技发达，特别是处于手机时代，人人都不寂寞，人人都很忙碌，晨起第一眼首先要看的是手机，睡觉前要看的还是手机。如果隔几分钟不去打开手机，看看微信，刷刷朋友圈，便会觉得六神无主。将自己寄托于手机之上，何以去思，何以去观物，又何谈心物之合一，自然也就不能认识自己，了解人生了。唯有寂寞心方可写出伟大的作品，《水浒传》的作者如此，《红楼梦》的作者亦然。同理，唯寂寞心才会改变自己的生活，向上、向前，才会发现生命的美丽，让生命的色彩深厚。

寂寞心是外表无聊而内心忙碌，寂寞之后方会思，"我思故我在"。这种忙碌，这种思考应该是建立在不断阅读之上的。唯阅读才会使自己充实，充实则饱满，饱满则充溢，并自然流露。彭雪枫将军随行必带的是书，即使在抗战时、顽军疯狂"扫荡"的艰险之中，在指挥战斗前短暂的时间里，仍抓紧时间读《战争与和平》这部巨著。而雷可为作为外卖人员，和大多数从业者一样，工作繁忙，但他却会抓住等餐或休息的间隙读诗，所以能将诗词沁入心田，化作春泥，与其合而为一。

诗心，是一颗闲心。有闲的精神，就会去欣赏，去发现。顾随先生说："欲使生的色彩深厚，要能欣赏。"

苏轼被贬谪黄州，耕于东坡，扁舟草履，与渔樵杂处，醉卧绿杨桥，月夜泛舟赤壁，用豁达的胸怀和仁者之心安心于黄州的生活，才有了他"一蓑烟雨任平生"的淡然与"大江东去"的豪迈，也成就了他在诗词创作中的辉煌。陶渊明结庐南山下，开荒南野际，"暖暖远人村，依依墟里烟。狗吠深巷中，鸡鸣桑树颠"，寄情于山水间，"不以物喜，不以己悲"，所以能"登东皋以舒啸，临清流而赋诗"。杜甫一生因战乱四处漂泊，时时"惊定还拭泪"，但亦有"细雨鱼儿出，微风燕子斜"的优游闲适。

人无论处在一种什么样的环境中，时时都要有一种精神上的"闲"。这样，你才会发现"春有百花秋有月，夏有凉风冬有雪，若无闲事挂心头，便是人间好时节"。

林语堂先生说："诗不是生活的点缀，诗应该是中国人的宗教。"所以，当我们拥有一颗诗心，自然就会有远方。

熟悉的地方也有风景

——读《谈美》有感

生活中，我们总是不由得感叹某些事物或者人"美"，也感叹"熟悉的地方没有风景"，果真如此吗？掩卷遐想，脑海中即刻呈现出陶渊明的"采菊东篱下，悠然见南山"的闲适自得。何也？"心远地自偏。"

自然界一切平常所见，如果静下心来欣赏就会发现其中的美。洞庭湖本是自然存在的，自然也本无所谓美丑。但孟浩然却能发现其"气蒸云梦泽，波撼岳阳城"之美；张孝祥经过则认为"洞庭青草，近中秋，更无一点风色"之感；刘禹锡眼中则又是"遥望洞庭山水翠，白银盘里一青螺"。同样，大漠是荒凉的，落日是最常见的，但在王维眼里却是"大漠孤烟直，长河落日圆"，而杜甫看了则说"落日照大旗，马鸣风萧萧"。自然界中的春雨、春草就更寻常了。但在冯延巳眼里则是"细雨湿流光，芳草年年与恨长"的美；在梅尧臣眼里却又是"乱碧萋萋，雨后江天晓"。

走近古诗词，无论是花草树木，还是采桑织麻、放牛追蝶，诗人都能发现其中不一样的美。可为什么我们教师在生活中却难以发现美呢？朱光潜用阿尔卑斯山谷中一条风景极佳的大路上的一条标语——"慢慢走，欣赏啊！"告诉我们，"许多人在这车水马龙的世界过活，恰如乘汽车在阿尔卑斯山谷中兜风，匆匆忙忙地急驰而过，无暇流连风景，自然也就不会发现其中的美，顶多只是'到此一游'而已。"

美，无处不在。"美不是从天上掉下来的，它一半在物，一半在你，在你的手里。"大多人行色匆匆，眼里、心里只记挂着目的地，只记挂着想要达到的目标，因而忘了在行走过程中欣赏路边的美景。就如我每天上班都乘车从武穴新城区那儿经过，只记得那些高高的政府机关的办公楼，印象中也只是一片办公区。上周，去教育局办完事，朋友的车没来，我就一个人在那里转了转。边行边看，才发现那里原来不只是办公楼群。广场前面，有一大片树林，人工湖里鱼儿戏水，湖边杨柳依依，亭台楼阁掩映其中。忽然觉得，繁忙的工作之余，在这里走一走，坐一坐，也有一种走进"桃源"的感觉。

熟悉的地方，就是因为熟悉了，因而不会停下来，不会静静地赏，自然就不会发现这些生活中的美。工作亦是如此。就拿教师而言，在平常的闲聊中，网上的议论中，经常可以听到同事们的抱怨。有的说教师生活平淡，要和学生一起按时上下学；有的说教师生活太机械，备、教、批、辅、考，天天如此；也有的说教师生活太烦琐，作业批改单调无趣，没有成就感。其实，你看到的世界，就是你想看到的世界。教育之美就在平凡的生活中。

朱光潜先生说："人要有出世的精神才可以做入世的事业。"教师的工作是平凡的、琐碎的，但如果用一种"无所为而为"的态度，把自己所做的工作当成一项艺术去看待，只满足理想和情趣，不斤斤计较于利害得失，就会有一番真正的成就。"伟大的事业都出于宏远的眼界和豁达的胸襟。"如果你只把教育当成一项谋生的职业，如果你的眼中只有分数，没有学生，就不会"无所为而为"，而只有更多的功利性。真正的教师，应该是用一种出世的精神，全身心地投入工作，真正地用心对待自己的每一节课，用心地做好每一次与学生的沟通，用心地做好每一件事。扎根于教室中，关爱学生，尊重学生，眼中有学生，如此就能发掘你生活中、职业中的内在魅力，就能发现生活中的每一天、每一个时刻都是那样美好。

其实，人生本来就是一种较广义的艺术，每个人的生命史就是他自己的作品。美好而又幸福的生活本身就是一道优美靓丽的风景，而行走在迷茫中的我们总是会将这些熟悉的温暖忽略。请停下你匆忙的脚步回头看看吧。

因为，熟悉的地方也有风景。

"有我"与"无我"之间

——读《人间词话》有感

因为喜欢宋词格律的优美，从去年起我就坚持背诵、学习宋词。学习宋词，自然会想起被誉为"盛传一百多年的不朽巨著，流转一个世纪的诗词经典"的王国维的《人间词话》。初接触，因为觉得书中文字有些生涩，囫囵吞枣地翻阅了一下，在知道了一些文中引用的诗词，了解了王国维的生平之后，便将书束之高阁。这次在"叙事者"群里与大家一起读这本书时，开始重新打开书，关注"词话"。

王国维的《人间词话》，细细读来，出现频率最高的词莫过"境界"二字了。开篇便提"词以境界为最上"。境界，并非虚无缥缈，更非遥不可及。境界的提升，就在我们的身边，就在点点滴滴、每时每刻，就在我们的每一次选择。作为教师亦如此，有"有我之境"，有"无我之境"。

教师首先得有"有我之境"。"有我之境，以我观物，故物皆着我之色彩。"陶行知先生说："学高为师，身正为范。""学高为师"，并非师必贤于生，而是指为师者，应用心去备每一课，写好每一份教案；用心去思考教育教学的方法，有求知的热情与能力。全国著名特级教师于永正老师说："做小学语文老师不易。不能只看教师的文凭，得看其是否有真本领，如书写、朗诵、表达等等。"一个好的语文老师还得是个文化人、思想者，善于与人交

明心为师

流，努力地提升自己，修炼自己，是为"有我"。福建著名青年教师何捷，自己给自己制订了"1000小时定律"，从师范时便开始练习山水画、书法、冬泳，用一生来备课，灵魂没有一刻停止过思考，所以功成名就，成为名师，是为"有我"。

教师更得有"无我之境"。"无我之境，以物观物，故不知何者为我，何者为物。""身正为范"，教师得为人师表。教师的工作是琐碎的，世上的事情，也会不断侵扰着教师的心，常常让教师感觉"没意思"，而迷失自己。如果把当教师作为养家糊口的职业来看待，教师只能带着茫然的眼睛去面对生命，只能疲于应付每天的日常琐事，那么带给学生的也一样是茫然、麻木。教师被誉为"人类灵魂的工程师"，教师的一言一行都直接影响着学生。因此，教师应有一颗善良的心、博爱的心，去尊重、关心每一位学生，不以自己的评价标准去评判学生，不以自己的喜好去对待学生，不以自己的情绪去影响学生，是为"无我"。

"有境界自成高格。"作为教师，得不断修炼自己，提升自己的境界。正如《武师附小教师十二修炼》所讲一样：

修炼自己的声音，让它悦耳动听；修炼自己的语言，让它妙趣横生。

修炼自己的眼睛，让它传神丰富；修炼自己的表情，让它神采飞扬。

修炼自己的行为，让它规范专业；修炼自己的学识，让它有如涌泉。

修炼自己的脾气，让它逗人喜爱；修炼自己的个性，让它鲜明唯美。

修炼自己的心灵，让它平和美丽；修炼自己的气质，让它超凡脱俗。

修炼自己的灵魂，让它崇高圣洁；修炼自己的人生，让它阳光幸福。

教师境界在"有我""无我"之间，这是一个不断追求的过程，如同生命之流一样，是一个灵动的过程。教师只有在追寻人生境界的灵动之河中不断前行，才会真正达到"众里寻他千百度，蓦然回首，那人却在灯火阑珊处"的最高境界。

阅读，从心开始
——读《如何阅读一本书》有感

著名文学家高尔基有句名言"书是人类进步的阶梯"。人们只要肯读书，就可以把几千年的人类思想、经验，在短时间内重温一遍，把过去无数人辛苦获得的知识、教训汲取过来。

但如何去阅读一本书呢？提到这个问题，谁都会觉得回答起来很简单。在大多人的认识中，阅读一本书，就是拿起一本书，翻开读，把书看完就是了。就我而言，或多或少也读了些书。少年时喜欢看些故事类的书，青年时喜欢看百科大全类的书，而现在则对散文、教育类文章关注较多。读故事类的书喜欢讲给别人听；读百科类就试着记住；读散文喜欢朗诵；读教育类则会经常性地把某一章节时常翻起，思考、学习、效仿。但无论是读什么类型的书，还真没想过如何去阅读，更没想过"读得太快或太慢，都一无所获"（法国学者巴斯卡语）。

拿起《如何阅读一本书》，第一感觉是作者莫提默·J. 艾德勒，挺能编的。打开书慢慢读起来，竟发现，读好一本书，原来有那么多的技巧。"这是一本为阅读的人，或是想要成为阅读之人而写的书。说得更具体一点，这本书是为那些想把增进理解力作为读书的主要目的的人而写的。"艾德勒先生在书中依次讲到阅读的四个层次，即基础阅读、检视阅读、分析阅读和主题阅读。

明心为师

书中特别强调了阅读的艺术，也指出对这种艺术更高水平的要求。什么是阅读？阅读不仅是读书，更是一种艺术。作者很像是一位"投手"。有些作者完全知道如何"控球"，这样读者也就很易"接住"。阅读更主要是一种心智活动，是一个凭借头脑运作，除了玩味读物中的一些字句之外，不假任何外助，以一己之力提升自我的过程。需要敏锐的观察、灵敏可靠的记忆、想象的空间和分析。阅读也是一种发现，是在跟一位缺席的老师学习。

因此真正的阅读必是从心开始的，是"主动的阅读"。关于主动的阅读，除了在第一章作为专门的小节谈到之外，书中还多次提及，在阅读的四个层次当中都需要主动阅读。可"大多数人都习惯于没有主动的阅读。没有主动的阅读或是毫无要求的阅读，最大问题就在于读者对字句毫不用心，结果自然无法跟作者达成共识了"。

阅读从心开始，是在跟作者达成共识。在语文教学中，如果一篇文章，仅让学生知道文本讲的是什么，只是在"走进文本"；让学生知道文本说明了什么，只是在"走近文本"；而让学生知道通过文本学会了什么道理才是"走出文本"，才是与作者达成了共识。如教学《"精彩极了"和"糟糕透了"》，教师在理清"精彩"与"糟糕"，"爱"与"严"两股"风"的平衡之后，也算是完成了教学任务，但如果停留在这个层面上，也只是浅层次地走进文章。如果教师接着让学生继续追问母亲的"精彩极了"除了有好处还有什么？父亲的"糟糕透了"只有坏处吗？学生从中品读便会体会妈妈的表扬是好的但也容易让自己迷失方向，父亲的严厉虽然让自己心难受却可以使人清醒。于是教师再让学生说说自己在生活中是否遇到过这样的事，并再次提出"精"与"糟"字的来历。这样学生就明白了任何事都具有两面性这一道理，也就知道如何理性看问题了。紧扣文本，从文本中来，最后走出文本，这样就算真正理解了作者的文字，与作者达成共识了。

阅读从心开始，就需要掌握阅读的技巧。比如，如何做笔记，如何做标记，如何透视一本书，如何为一本书编写提纲，等等。作者告诉我们在阅读第一阶段应该掌握的四个规则：①依照书本的种类与主题分类；②用最简短的句子说出整本书在谈些什么；③按照顺序与关系，列出全书的重要部分；④找出作者问的问题，或作者想要解决的问题。

细细品味这四个规则，也恰恰是我们阅读的基础。艾德勒说："头一次面对一本书的时候，从头到尾先读完一遍，碰到不懂的地方不要停下来查询或思索。"因为"从头到尾读了一遍之后，就能对一本书有一半的了解，如果中间停住了，最后可能对这本书就真的一无所知了"。可往往在语文教学中，我们关注更多的是考试时要考的字、词、句，而忽视了对课文的整体学习。教师导入新课后，就要学生初读课文，提出的要求往往是让学生边读边借助工具学习生字词。这样一来，一篇优美的文章就被教师肢解得支离破碎了。长期下去，学生自然也就对语文不感兴趣了，对阅读自然也就只当作消遣或娱乐了。

鲁巴金说："读书是在别人思想的帮助下，建立起自己的思想。"富兰克林也说："在读书上，数量并不列于首要，重要的是书的品质与所引起的思索的程度。"因此，阅读，必须得沉下心来，用心走入每一本书、每一篇文章，这样才能让我们爱上阅读，才能让我们站在巨人肩膀上前行。

享受幸福

——读《做一个幸福的教师》有感

最近读陶继新老师写的《做一个幸福的教师》一书，感觉很奇妙。初读时，兴奋无比，感觉有一种心灵的平静与灵魂的提升，而且越往下读心头越有沉甸甸的感觉，挥之不去。除沉甸甸的感觉之外，头脑中似有一片绿地铺展开去，绵延无尽。读后不由思索，什么是教育？什么是幸福的教师？答案模模糊糊，忽近忽远，若有若无。一惊之下，一直在小范围内自负、自信的我，竟不知所向。

透过2500年的风雨岁月，审视我们今天的教育，在我看来，现在的教育也曾强调"以人为本"。读完《做一个幸福的教师》一书，才知自己思想多么浅薄，大谈"以人为本"的时候并不明了什么是人之"本"，怎样去"以人为本"。"幸福"是人生的主题，只有感受到幸福的人，他的人生才是快乐和阳光的。作为一位教师，"幸福感"在哪里？这个困扰我的问题，在我拜读了陶老师《做一个幸福的教师》一书后，找到了答案。

一、享受课堂中的幸福

课堂是教师生命最重要的舞台。一位懂得享受课堂的教师，课堂便自然会成为其享受幸福的重要舞台。努力去营造一个充满生命活力的课堂，和学生一起痛苦、一起欢乐，你就会少了许多教学的焦虑和烦恼。

二、享受教育中的幸福

对于教师来说，能时时处处感到幸福是很重要的。因为这不仅影响着他的人生是否快乐，更影响着学生。只有教师幸福，学生才会感到幸福。事实上，很多教师在享受着教育，体验着幸福，他们以多元、多姿、多态的幸福观，诠释着什么是教师的幸福。教师职业幸福感最重要的源泉一定是学生的成功和他们对你的真情回报。影响教师职业幸福感的许多不利因素都可以从学生对教师的尊重、理解、感激中得到弥补。但要让学生感恩于你，你就必须学会感恩学生、呵护学生、尊重学生。真正做到这点并不容易，但如果你只知道权威，那你会离幸福更远。

三、享受生活中的幸福

幸福不仅来自工作，更来自生活。家人、朋友、闲情雅趣是幸福生活不可或缺的。也许手头钱是有点儿紧，但还得学会舍得用杯水车薪中的一"水"一"木"去买些喜欢的书，买件心仪的衣服，和家人、朋友一起去聚个会，泡个吧、旅个游。拥有开朗、豁达的生活态度和自觉高雅的生活情趣很重要。

陶老师讲授的一些方法我想应该是有效的。从发展的角度讲，才高为师、德高为范。教师要培养出具有良好道德品质的学生，要以自身的实际做榜样。教师只有用平和的心境，以实干的态度来教授学生，才能真正培养学生成为人才，学生也才能适应未来社会的发展。今天的我是一个非常普通的教师，我能尽我所能做好一个教师的本职工作。除此之外，我还能做什么呢？我曾不断思考这个问题。不管怎么样，我已经迈出了自己的第一步，有了自己的认知，乐意坚守自己的工作。我想即使60岁还是这么平凡，我也不会遗憾。幸福的人生是靠自己打造的。良好的心态、明确的目标、奋斗的快乐，构成了幸福的元素。我将和陶老师一起分享幸福，追赶理想，努力做一个幸福的教师。

<h1 style="text-align:center">做有温度的教师</h1>

——读《教育中的心理效应》有感

《**教**育中的心理效应》的作者刘儒德先生，经过精挑细选，确定了66条关于教育、教学和管理方面的心理效应。细细读完，使我想起了自己平常工作中的一些经验，如罗森塔尔效应、马太效应等，都是以前也常用到的。再读，跟随作者一个个典型的案例、实验或问题情境，又有了新的体会。66条心理效应，归于一点，应该是对教育、对教学、对学生始终保持一颗温暖的心。

保持温暖的心，即是"南风效应"。南风和北风比试，看谁能把行人身上的大衣脱掉。北风首先施展威力，行人为了抵御北风的侵袭，把大衣裹得紧紧的；南风则徐徐吹拂，顿时，行人觉得温暖，开始解开纽扣，继而脱掉大衣。北风和南风都是要使行人脱掉大衣，但由于方法不一样，结果大相径庭。

南风之所以有效应，是因为南风饱含着真诚和信任，顺应了人的内在需要，使人的行为产生自觉。这个寓言告诉我们，生命的成长是需要合适的温度的，过冷甚至过热都是不利的。寒假里，朋友谈起女儿的学习成绩甚是担忧。说其女儿在小学一直被老师喜欢，到了高中，刚入学，女儿好像还很不错，似乎很喜欢高中的生活。可这次放假回来，女儿却怎么也高兴不起来了。是什么原因呢？过了几天，女儿才慢慢向朋友说起了学校里的一些情况。她先说不知道是因为她调皮贪玩老师不喜欢她呢，还是太放心她了，一些同学换来换去都是前三排，可她从来没有坐在前面过。后来，又说班主任好像不是很看重她，一学期从来没找她谈过话。然后又谈起有些老师经常在课堂上发脾气。说有位老师上课时因为粉笔拿不出来就把一整盒粉笔全摔到地上，就为这一点点小事，竟然当学生面发脾气。

泰戈尔说："神的巨大威权是在柔和的微风里，而不在狂风暴雨中。"而那位班主任对学生的"冷"以及任课老师对学生的"寒"，都不是合适的温度。朋友女儿成绩不好，或许也有这方面的原因吧。教育是"生命在场"，是培养生命，完善生命，生成生命的事业。教育面对的是一个个鲜活的生命，因此教育应该有温度。教育温度的本质就是以生命为基点，关注生命，创造适宜的条件，促进生命的成长。

教育的温度需要教师有温度。著名教育家陶行知先生"四块糖"的故事，便是最好的诠释。学生打人了，陶先生没有批评，没有斥责，没有让学生先去写一份检查，更没有唤家长来校"共同教育"，而是让学生一步步地完成了对自己错误的认识。"四块糖"不仅让学生认识到了错误，更发掘出了学生的四个优点：守时、尊重人、有正义感和勇于认错。陶行知就如南风一样，拂过学生的心灵，留下了一份温暖。做有温度的教师，让每个生命幸福成长，就要高度敬畏生命，尊重儿童，遵循其身心发展的内在本性，始终珍视他们自然的主动权，而不是用成年人的眼光去过滤学生的生活，使学生被迫服从。

做有温度的教师，就要把教育还给学生，开展有温度的活动，让教育凸显生命的灵动；就要把课堂还给学生，上有温度的课，让课堂焕发生命的活力；就要把班级还给学生，营造有温度的成长环境，让学生的心温暖起来；就要多一点儿时间静下来思考我们每天都在做的事情；就要用温暖的眼神关注每一颗敏感的心；就要用真诚的心聆听每一朵花开的声音；就要用坚毅的力量帮助每个孩子插上飞翔晴空的翅膀！

学生的心温暖了，心情愉悦了，主动性提高了，学习进步的大门才能完全敞开，师生也才会共享成长的幸福！